KB265070

장점을 찾아 특별한 아이로 키우는

맞춤 가정교육

정 기 동 엮음

"교육이란 학교에서 배운 것을 모
두 잊어버린 뒤에 남는 능력이다."
-아인쉬타인-

자녀는 부모의 빛나는 훈장입니다.

　부모 입장에서의 자녀 교육이란 매우 어렵고 힘든 일입니다. 또한 자녀가 성공한 사람이 되기를 바라는 마음은 어느 부모나 다 마찬가지입니다.
　'자녀 교육에는 지름길이 없습니다.'
　오늘 가르쳤다고 해서 내일 바로 성과가 있는 것도 아닙니다. 그래서 두렵고 힘든 과정입니다. 물론 특효약이 있는 것도 아닙니다. 올바른 자녀 교육을 위해서는 위험한 도로를 질주하는 것보다 돌다리를 두둘기는 식으로 조심스럽게 부지런히 걸어가는 수밖에 없습니다.
　우리 자녀들이 배우고 있는 교과서에는 삶의 길과 교육에 대한 어드바이스가 없습니다. 수험 공부에도 그런 조언은 나오지 않습니다.
　이 작은 책 역시 아무런 노력없이 꼴찌가 일등이 되는, 벼락공부로 명문대학에 합격하는 비결을 내용으로 한 '마법의 책'이 아닙니다.

지식을 전달하는 교사는 많습니다.
그러나 '사는 법'을 가르치는 훌륭한 사람은 부모라는 이름의 교사
입니다.

그러나 이 책을 읽게 되면 자녀들에게 인생을 알게 하고, 사랑을 알게 하고, 마음을 알게 하고, 부드러움을 알게 합니다. 그리고 삶에 대한 감동을 알게 합니다.

지식을 전달하는 교사는 많습니다.

하지만 '사는 법'을 가르치는 훌륭한 사람은 부모라는 이름의 교사입니다.

그 '부모라는 이름의 교사'를 위하여 여기저기 발표했던 글을 모아 작은 책으로 엮어보았습니다. 올바른 자녀의 교육을 위한 지침서가 되었으면 하는 것이 엮은이의 바램입니다.

'자녀는 부모의 빛나는 훈장입니다.'

엮은이 씀

·차례·

· 차례 ·

인간은 약한 존재이다

'인간은 약한 존재이다.'

그렇기 때문에 시험이 있고 입시가 있다.

왜 수험제도가 필요한가. 왜 자녀에게 공부를 시키지 않으면 안 되는가를 먼저 부모에게 이해시키고 싶다. 그러한 것들을 생각하고, 정리하고, 납득하면 자녀에 대한 자세에서도 자신감과 여유가 생기고, 더 나아가서는 시험에도 좋은 결과를 얻을 수 있지 않을까 하는 생각을 갖기 때문이다.

매스컴에서 '시험지옥', '시험전쟁'이라는 말이 등장하는 철이 되면, 학교에 취재하러 오는 신문사, 방송사 관계자들의 발걸음도 빈번해진다.

십 수년, 일류대학 합격자, 최우수 입시 학교라는 찬사가 자주 등장하는 것이 교육현장이기도 하다. 그러나 실제는 그러한 센세이셔널한 단어와는 걸맞지 않을 정도로 한가로운 정경이 학교라고, 우리 일선 교사들은 생각하고 있다.

여기서 '테스트'라는 말에 관하여 언급해 볼까 한다.

'테스트에 의한 성적이 인간의 일생이 좌우될 만큼 넌센스적인 것은 아니다. 또한 모든 인격이 한 장의 종이에 반영되는 것도 아니다.'

이렇게 말하는 사람도 많이 있다. 한편 수험생 중에도 그러한 의문을 가진 아이가 적지 않다. 정말 그럴까? 나는 테스트는 꼭 필요하다고 믿고 있는 중의 한 사람이다.

테스트라고 하는 것은 물론 위(학교, 교사)로부터 아래(학생)로의 강요이다. 아무것도 시키지 않고 조용히 있도록 놓아두었는데, 학생 스스로가 테스트를 받고 싶다고 교사에게 부탁하는 경우는 생각할 수 없는 일이지 않는가.

이런 예는 들어본 적도 없다. 인간이란 자발적으로 공부하는 것이 좀체로 쉽지 않다. 누구나 영어 단어를 반복하여 암기하는 것보다는 TV를 본다든지, 좋아하는 음악을 듣는다든지, 만화를 보며 웃는다든지 하는 쪽이 더 재미있는 것으로 되어 있다. 그 쪽이 즐거운 것이다.

내가 근무한 고교에는 다른 곳보다 머리가 좋은 학생이 비교적 많이 모여 있는 모양인데, 그 아이들에게 아무것도 하지 않고 자유롭게 풀어놓는다면, 스스로 공부하는 방법을 발견하여 적극적으로 공부하려는 아이는 한 명도 없을 것이다.

인간은 약한 존재이다. 공부하기가 즐겁다고 생각하는 사람보다는 싫다고 생각하는 쪽이 압도적으로 많다. 그러나 인간은 향상해 가지 않으면 안 된다. 그렇기 때문에 어느 정도의 강제성이 필요하고 테스트가 필요한 것이다.

테스트! 테스트에 쫓기고 있는 자녀를 가엾은 눈으로 바라보지 말라. 그리고 어째서 테스트가 있는 것이냐고 물으면 다음과 같이 대답하라.

"선생님은 자신이 가르치는 방법이 어느 정도 효과가 있었는지 반성하는 자료도 되고, 학생도 자기 실력에 반성을 하여 '이번에는……' 하고 공부를 열심히 하게 되는 거란다. 그렇지 않으면 사람은 공부하기 어려운 법이야."라고.

‘시험지옥’, ‘시험전쟁’이란 말은 사용하지도 말고 믿지도 말라

교육 현장에 있는 우리 입장에서 보면, 이러한 광기적인 말에 해당하는 시대는 이미 지났다고 생각하는 편이다.

현재는 수험생도 학부모도 무리하여 높게 지향하는 경향이 적어지고, 그것이 원인이 되어 괴로워하는 케이스는 이전보다는 훨씬 감소하고 있는 것 같다.

그러나 매스컴 쪽 사람들에게는 역시 시험은 ‘지옥’이 아니면 보도의 양이 차지 않는 모양이다. 그러나 이 말을 수험생 스스로 혹은 학부모가 믿는다면, 큰 잘못을 범하고 있다고 말할 수 있는 함정이 있다.

‘시험지옥’이란 정확히 말하자면, 어느 소수 학교에 수험생이 집중하여 비율이 높게 되는 현상을 뜻한다. 그것은 시험을 보는 수험생 스스로 원한 결과가 발생한 것이지, 결코 부조리적인 지옥은 아니라고 생각한다.

반대로 좁은 문으로 들어가길 희망하여 그 경쟁장에서 자신을 시험해 보는 것을 즐거움으로 생각하고 있는 학생도 적지 않다. 그런 의미로서의 ‘시험전쟁’이라면, 나는 현재 우리나라와 같은 학력 사회가 계속되는 이상 없어지지 않을 것이라고 확신한다.

어떤 종합지에 종업원 3만 명이라는 세계적인 기업의 최고 간부 18명에 대한 학력을 소개하고 있었다. 이 기업의 방침은 학력은 문제 삼지 않으며 고졸이냐 대졸이냐의 구별은 전혀 하지 않는다고 했음에도, 그 18명의 간부는 모두 대학 졸업자로 발표되어 있었다.

이 말은 실력이 있는 자는 대학을 나온 자 중에 많다고 하는 것을 증명하고 있는 셈이다. 이런 의미에서 상황을 인정한다면 젊은이는 대학을 졸업한 쪽이 유리하다는 것이다.

이 경우 실력은 그 다음 이야기라는 의견이 마음에 든다. 왜냐 하면 모든 젊은이가 중학교를 졸업하고 사회에 나갔다고 하자. 입사 후 직종, 승진, 직책 등 모든 면에서 실력 제일이라고 하면, 입사시험 정도가 아닌 격심한 직장에서의 전쟁은 평생 계속하게 된다.

극단적인 말로 표현하면 정신병자가 속출하지 않는다고도 단정할 수 없다. 무엇보다도 우려되는 것은 학력 불필요의 사회가 어떤 양상을 보이는지 나에게는 전혀 상상이 가지 않기 때문이다.

인간이 계속 배우고 경쟁하는 한 학교는 존재할 것이고 그 전문 분야, 개성도 자연히 다르게 될 것이다. 그런 직업 위주의 학교를 졸업하는 것보다, 어떤 의미에서는 그 인간 능력을 헤아려 알 수 있는 가치 기준이 만들어지는 대학 교육은 당연하다는 평가를 주고 싶다.

한 인간의 능력을 진정으로 공평하게 평가하기는 불가능하다. 그렇다면, 비교적 공평한 평가로 학력이라는 능력 측정법이 갖추어졌다고 해도 잘못이 아니라고 생각한다.

일단 좁은 문을 통과하면 놀며 지내도 된다는 안이한 수업 태도, 캠퍼스가 인생 최후의 낙원인 양 생각하고 있다면 그 학력은 엉터리가 될 수밖에 없다. 이런 곤란한 학생들은 그렇다치고, 비교적 그 학력에 알맞은 학생들이 많다고 나는 믿고 있다.

학력 사회를 인정하는 것이 사회가 부드럽게 운영되는 일면을 볼 수 없다고 한다면 매스컴에서 말하는 시험지옥은 당분간 사라지지 않을 것이라고 나는 확신하고 싶다.

자녀의 실력을 과소평가하라

'부모는 자녀의 실력을 바르게 평가하고 있는가?'

이 문제에 대하여 아이들 쪽에서 본 통계가 어떤 교육잡지에 실렸었다. 물론 대학 진학을 목표로 하는 수험생의 경우이다.

그에 따르면 부모가 확실히 알지 못한다는 답이 전체 63%에 달했다. 어떻게 오해하고 있는지의 첫 대답이 '실력의 과대평가'라는 항목이었다.

이것은 중요한 문제이다. 역시 자신의 자녀를 믿고 싶은 부모의 마음을 엿볼 수 있기 때문이다. 동시에 그러한 부모 마음에 부응하고 싶지만, 자신의 힘이 미치지 못함을 알고 있는 수험생의 불안, 초조, 자기에 대한 차가운 시선도 읽을 수 있다.

'나의 자식은 생각보다 훌륭한 것이 아닐까?' 하고 생각하는 부모는 용기가 있는 쪽이다.

'왜 자식에게 기대할 수 없는 것일까?' 하고 자식에게 신뢰가 가지 않는 것은 부모로서 실격이라고 생각하는 진지한 부모도 있을 것이다.

자기 자녀의 실력을 과소평가하는 것은 자녀를 믿고, 안 믿고는 별도의 문제라고 나는 생각한다. 부모 입장에서 아무리 냉정히 객관적으로 보려고 해도, 내 자식은 클로즈업되어서 보여진다. 그것이 자연스러운 부모의 마음이다.

초등학교 운동회나 학부형 참관 수업날을 생각해 보면 잘 알 수 있을 것이다. 운동회 그 자체를 관람하는 것보다도, 수업 광경을 보는 것보다도, 본능적으로 눈이 내 자녀를 보는데 집중되어 있다.

다른 아이들보다 뒤떨어진 점이 있다면, 뛰어난 점도 발견할 수 있다. 그러나 집에 돌아오면 나쁜 점은 잊어버리는 것이 부모의 마음이다.

그럴 경우 자기 자녀가 10점 정도라고 느껴지면 즉석에서 2~3점을 마이너스하려는 습관을 익히길 바란다. 그래야 딱 알맞다. 믿고 있다가 실제로는 그렇지 못하여 실망하는 것보다는, 나쁘게 생각하고 있다가 실제로는 좋은 편이 훨씬 더 정신적으로 안정감을 얻는다.

이런 이야기를 들었다. 어느 아이가 중학 모의고사에서 1등을 했다. 교사는 본인에게는 알리지 않고 부모에게 알려 줬다. 아이가 들뜨지 않게 하려는 배려에서였을 것이다. 그러나 이러한 배려는 수포로 돌아갔다. 부모 탓이었다.

학교에서 1등을 한 아이가 그 사실을 알았다고 해서 다음 날부터 공부하지 않아도 좋다는 생각을 할 리가 없다.

"오, 잘했군! 너 뜻밖인데."

  그렇게 산뜻하게 직접 칭찬하는 편이 좋은 방법이라고 생
각한다. 어떤 일에나 플러스 알파, 마이너스 알파가 필요하
듯이 그것을 가지고 있는 부모와 그렇지 않은 부모에게서는
자녀에 대한 심리적 압박감이 달라진다.

장래 진로를 결정하는 재료는 학교 성적만이 아니다

자녀의 진로 결정은 아버지의 몫이다.

이는 중요한 문제이다. 문제가 심각하고 중요하기 때문에 학생도 부모도 사고방식에 혼란을 일으키고 있다. 여기서는 진로 결정이란 문제에 대하여 언급하고자 한다.

무엇보다도 자녀들은 일생의 최고 중대사인 자신의 장래를 스스로 판단하고 결정하지 않으면 안 된다. 누구나가 불안하면 상담 상대를 찾게 마련이다.

내가 알고 있기에는 자녀가 이러한 아픔을 최초로 털어놓는 상대는 바로 친구이다. 왜 부모에게 먼저 상담하지 않는 것일까? 문제는 거기에 있다.

한편 부모는 교사에게 어드바이스를 구하려고 한다. 그러나 교사는 학교에서의 공부와 행동을 통해서만 그 아이를 알 수 있다. 말하자면, 단체 생활 속에서의 극히 한 측면이다. 태어난 후부터의 성장 과정, 성격, 취미 등은 부모 쪽이 상세하다.

부모가 교사에게 의지하려고 하는 이유는 성적을 잘 알고 있다고 생각하기 때문이다. 그러나 그것이 틀렸다. 진로 결정에 필요한 판단 재료는 성적(공부의 결과)만이어서는 안 된다는 것이다.

나 자신의 경우를 회상해 보겠다. 중학교 시절의 성적은

수학이 가장 좋았다. 중학교 정도의 수학은 하면 한 만큼 분
명한 결과가 나온다. 그렇기 때문에 평가하기 쉽다.

그러나 국어는 어떠한가? 문법이나 문장 구성은 암기할 수
있어도 독해력이나 논술 등은 수학처럼 분명하게 수치로 나
타나는 것이 아니다. 단지 머리 속에 무언가가 희미하게 남
아있을 뿐이다.

설령 그 아이에게 재능이 있다 해도 점수로 명시할 수 없
는 부분이다. 수학 다음으로 좋아했던 과목이 영어이고, 국
어는 세 번째이었다. 그러나 내 자신의 일생을 생각하여 문
과를 택했다. 그리고 지금은 당시에 성적이 나빴던 국어 교
사를 하며 평생을 지내 왔다.

학교 내에서 좋은 성적을 얻었다고 해서 그것을 자녀의 장
래와 연결시켜 생각하는 것은 대단히 위험한 방법이다. 부모
나 자녀가 그 점을 모르고 있다는데 더 큰 문제가 있다. 수
학 성적이 좋으니까 이과계, 국어를 좋아하니까 문과계라고
너무 단순하게 결정지어 버리고 있다. 아이들에게도 무언가
결정지을 수 없는 모순이 있을 것이다.

수학을 잘 하긴 하지만 별로 좋아하지 않는 아이가 있다고
하자. 그러나 부모는 그렇게 생각하지 않는다. 그래서 아이
는 상담 상대로 부모보다 친구가 좋다고 생각하게 된다.

장래의 진로를 결정하는 재료는 성적만은 아니다. 잘라 말하면, 그것은 50% 정도 참고로 하면 좋다. 나머지는 성격, 취미, 기호 등을 참작해야 한다.

자녀의 학교 성적만으로 진로를 결정하려는 생각은, 말하자면 학교에 모든 것을 떠 맡기려는 안이한 자세이다.

부모는 왜 자녀의 장래를 생각해 주지 않는 것일까. 자신이 결정을 내리는 것이 불안하기 때문일까? 용기가 없다고 하면 심한 표현일까?

과보호, 방임주의도 결국은 같은 것이다

입학시험 장소에 어머니가 따라오는 광경은 새삼스럽게 이상할 것이 없다. 우리 학교 경우의 학부모도 예외는 아니다.

대학 예비고사, 대학 시험에 절반 정도는 따라오고 아이들도 그러한 것이 당연하다는 듯한 얼굴을 하고 있다. 자신 혼자의 능력을 시험하는데 부모가 따라온다는 것은 사실 부끄러워해야 할 일이다.

그러나 그렇게 가르치고 싶어도, 그것이 당연한 부모의 의무라고 믿고 있는 어머니의 얼굴을 보면 설명할 마음이 내키지 않는다.

대학 본고사는 물론 예비고사에까지 계속 따라 다니는 부모가 있다. 함께 상경하여 친척 집이나 호텔 옆방에 묶는다. 발표를 보러 가서 합격했다면 자녀 이상으로 들떠서 '만세'까지 부른다.

끝에 가서는 입학 후의 전공 과목 선택에까지 학교에 찾아와 '자신의 아이에게는 어떤 외국어를 배우게 하면 좋을까?' 하고 상담하는 어머니가 있는가 하면, 절대로 학교 내에 어머니를 들여보내지 말라고 어느 신문에서 학교 교장이 화를 내는 기사를 읽은 적이 있다.

바야흐로 학교는 학문의 자유를 지키기 위해 어머니라는 대적(大敵)과 싸우지 않으면 안 되는 모양이다. 자녀에게 항상 바싹 붙어 다니는 과보호라 불리는 어머니의 모습은 줄기는커녕 늘고 있는 실정이다.

자녀에게 붙어있지 않으면 내 자식이 성공할 수 없다고 생각하는 모양인데, 그 반대이다. 가까이 있을수록 촛점이 맞춰지지 않는다. 그와 반대로 방임주의가 있다.

일체 자녀에게 상관하지 않고 자주성에 맡긴다. 말로는 대단히 좋지만, 그것을 자신들 형편에 맞게 해석하고 있는 부모가 너무 많은 듯하다.

어느 교사로부터 다음과 같은 보고를 받은 적이 있다.

강남의 어느 고등학교에 통학하는 학생들 가정에는 중류계층이 대부분이다. 그럭저럭 금전적으로 구애 받지 않는 가정이 많은 모양이다.

그중에 어떤 부모는 방임주의를 신봉한 나머지 자녀의 용돈에서부터 문단 속까지 모두 자유롭게 했다는 것이다. 그러나 아이는 그것이 싫었다. 사실은 좀 더 자신에게 관심을 가져 주길 바랐기 때문이다. 마침내는 외롭다고 호소해 왔다고 한다.

지나친 것은 모자람보다 못하다는 말이 있다.

과보호도 지나친 방임주의도 진정한 자녀의 모습을 잃어버리는 것과 같다. 부모에게 생각하는 힘이 모자라고 생각하는

것이 귀찮으면 '어떻게 되겠지' 하고 아이를 방치해 두게 된
다. 자녀를 믿고 아이 자신에게 맡기는 것이 아니라, 오히려
부모가 귀찮아서이다.

반대로 자녀를 방임하지 않는 부모는 언제까지나 자녀를
자신의 의도대로 하고 싶고, 사유화하고 싶은 마음이 강하
다. 자신의 이상(자신이 이루지 못했던 것)에 맞추려고 한다.
어느 쪽도 마음의 평형이 잡히지 않은 부모일수록 빠지기 쉬
운 관심의 결핍 증세이다.

부모가 먼저 "왜 공부를 하지 않으면 안 될까?"를 생각해 보라

　초등학교를 졸업하고, 중학교, 고등학교, 그리고 대학을 나올 때까지 16년간(그중에는 재수 등으로 좀 더 긴 세월을 보낸 사람도 있겠지만)이란 기간은 아이에게 있어서는 '공부하는 것'이 일이 되는 것이다. 그러나 현재에는 유치원부터 피아노 교실이나 영어 교실까지 더하여 철이 듦과 동시에 '공부'라는 이름의 일에 쫓기고 있는 실정이다.

　그 공부를 전문직으로 하고 있는 아이들이 "왜 나만 공부해야 되는 거야?"라고 부모인 당신에게 질문해 오면 당신은 명확히 대답할 수 있겠는가? 아이들에게 있어서 "왜 공부를 해야만 하는가?" 하는 문제는 "왜 인간은 일하지 않으면 안 되는가?" "왜 인간은 살아가는가?"란 인간 존재의 근본과 같은 중대한 문제인 것이다.

　대학을 졸업하고 직장생활을 시작하여 정년까지 30여년, 그 사이에 어른은 "나는 무엇 때문에 일하고 있는 것일까?" 하는 의문에 여러 차례 몰입했을 것이다. 그런 의문을 느끼고 괴로워할 때 중요한 일을 하지 못했다든지, 일이 잘 안 된다든지 했던 경험은 누구나 다 가지고 있다.

　자신이 하지 않으면 안 되는 이유, 자기 자신의 존재 이유에 의문이 생기면 어떤 사람일지라도 업무 능률이 떨어진다. 아이들에 있어서도 그것은 마찬가지이다.

자녀가 충실하게 공부를 계속하여 희망하는 학교에 들어가고 납득이 가는 인생을 보내는 것을 바란다면 "왜 공부를 하지 않으면 안 되는가?"를 자녀보다 먼저 부모가 생각해 보아야 한다

"왜 매일 공부해라, 공부하라고 하는 거지?" 하는 의문이 생기면 공부에 대한 자세에도 진지함이 결여되어 성적이 떨어지는 것은 당연하다. 이 "왜 공부하지 않으면 안 되는가?"를 부모가 자신있게 자녀에게 납득시킬 수 있느냐 없느냐에 학업의 성패가 달려 있다 해도 과언이 아니다. 아이에게 있어서 이 문제는 '생과 사'에 필적할 만큼 큰 문제이다.

그러나 어른들에게 있어서는 너무나 당연하게 그것은 "공기를 마시지 않으면 죽는다."는 정도의 생각밖에 하고 있지 않다. 때문에 누구도 명확하게 대답할 수 없다. 그러나 아이에게 속임수 대답으로 끝내 버릴 문제는 아니다. 자녀를 납득시키려면 먼저 부모가 납득해야 한다. 자신이 모호하게 생각하고 있다면 자녀를 설득시킬 수 없다. 내 자신의 생각은 다음에 말하겠다. 그러나 그 전에 부모로서의 생각을 분명히 할 것을 당부하고 싶다.

스스로 얻은 결론을 자신있게 자녀에게 설명할 의무가 있다는 것을 알기를 바란다. 자녀가 충실하게 공부를 계속하여 희망하는 학교에 들어가고 납득이 가는 인생을 바란다면 "왜 공부를 하지 않으면 안 되는가?"를 자녀보다도 먼저 부모가 생각하기를 바란다.

'자신을 위해 공부하는 것'이라는 점을 이해시키는 것은 아버지의 역할이다

"누구를 위해 공부하는가?"라는 질문에

"명문대학에 들어가서 일류기업에 입사하여 엘리트 코스를 밟고 풍족하게 행복한 삶을 살기 위해서"라는 대답을 현재는 우선 생각할 수 있다. 그렇게 믿고 있는 부모가 많은 것도 사실이다.

그러나 이 대답은 인생이 무엇인지를 어렴풋이 알기 시작한 어른들에게는 효과가 있을지 모르지만, 아직 인생이나 사회에 대하여 순수한 마음으로 대하는 아이들에게 있어서는 설득력이 없다. 더욱이 부모가 마음 속으로 그렇게 믿고 있다면 아이들에게 있어서는 약간 슬픈 일이다.

"좋은 학교에 들어가지 않아도 좋다. 가난해도 행복한 인생을 얻을 수 있다."라는 대답도 있다.

"아니야, 세상에는 뭐라 해도 돈이다. 너도 어른이 되면 알게 돼"라고 그 순간을 피하려고 한다면 부모에 대한 불신을 낳는다.

나는 평소 학생들에게 이런 말을 하고는 서로 생각할 수 있도록 권장하고 있다.

"인간의 가장 행복한 삶이란 어떤 생활방식을 말하는 것일까? '새는 죽을 때가 되면 우는 소리가 좋고, 사람은 죽을 때가 되면 훌륭한 말을 남긴다'고 옛부터 말하지만, 자신의

아이들이란 부모가 상상할 수 없을 만큼 향상심과 이상에 대한 동
경을 가지고 있다. 그 이상을 현실이란 창으로 방향을 바꿀 권리가
부모에게는 없다

한정된 인생, 생명을 느꼈을 때 인간은 반드시 좋은 말을 하
고, 따라서 세상에 도움이 되는, 남을 위한 뭔가를 하고 싶
어지게 된다.”

“너희들이 공부하는 목적은 나라와 국민을 위해 유익한 것
만을 생각해야 한다(우리가 교육을 받던 6.25전쟁 당시에는
그렇게 강요했지만) 지금은 이런 말로는 학생은 납득하지 않
는다. 우선 자신을 위해서 하라. 자신의 삶을 갈고 닦아 행
복을 추구하라. 자신에게 엄격한 태도를 갖다 보면 언젠가
자연히 남에게 도움을 주게 된다. 그것이 최고의 행복이 아
니겠는가?”

좀 지나친 이상론이라고, 세상 물정 모르는 교육자의 단순
한 말로 받아들일지 모르겠지만, 자녀를 설득시키기 위해서
는 어디까지나 높은 이상을 제시하지 않으면 안 된다.

아이들이란 부모가 상상할 수 없을 만큼 향상심과 이상에
대한 동경을 가지고 있다. 그 이상을 현실이란 창으로 마음
대로 방향을 바꿀 권리가 부모에게는 없다.

“왜 공부하지 않으면 안 되는가?”를 가르치는 것은 아버지
의 역할이다. 아버지가 없으면 삼촌도 좋다. 남자란 여자보
다 로맨틱하게 되어 있다. 인생의 이상을 말하는 데는 어머
니보다 아버지 쪽이 좋다.

“노력하고 공부하는 것은 남을 위해서가 아니다. 네가 매일매일 생활을 즐겁게 보내며 지루하지 않도록 잘 살기 위해서 하는 일이다.”

그렇게 가르쳐 주기 바란다. 좀 더 확실히 하기 위해서는 아버지 자신이 매일매일 지루한 생활을 하지 않는다는 모범적인 태도가 요구되지만……

물방울
어느 초등학생의 동시

비가 그친 뒤
담장 위에
달팽이가 나란히 있었습니다.
그러나 자세히 보았더니
반짝이는 물방울이었습니다.
하나, 또 하나
웃으면서
떨어져 갔습니다.

아버지와 어머니의 역할 분담을 분명히 하자

아버지와 어머니는 콤비네이션을 잘 활용하여 자녀의 교육에 임하지 않으면 안 된다.

"당신도 아이 진학 문제에 좀 열성을 보이세요."

"그렇기는 하지만, 당신이 나보다 아이와 함께 있는 시간이 많잖아요. 아이를 잘 알고 있는 사람은 당신이니까, 당신이 알아서 해요."

귀가 시간에 이러한 대화가 오고 가고 있는 것은 아닌지, 자녀와 함께 있는 시간이 길고 짧음이 자녀에 대한 책임의 경중과 관계되는 것은 아니다.

가령 매일 자녀와의 얼굴을 마주 할 시간이 없다 해도, 대화할 기회가 없다 해도 아버지는 자녀를 지켜 봐야 한다. 반대로 매일 가까이에 있는 어머니보다도 거리와 시간을 두고 지켜 볼 수 있으므로 어머니가 발견하지 못한 측면을 알 수 있지 않겠는가?

자녀를 이해하는 데 자녀의 일상생활 모두를 알아야 할 이유는 없다. 아버지에게는 아버지만이 할 수 있는 역할이 있다. 예컨대 자녀에게 공부하는 방법을 어드바이스 한다든지, 장래 진로 문제에 대한 의견 교환을 한다든지 하는 것은 아버지 쪽이 알맞다.

한편 자녀와 접촉할 기회가 적으면 적을수록 객관적으로

바라볼 수 있는 기회가 있다. 그 성장 모습을 과거와 비교하
면서 파악할 수도 있을 것이다. 이러한 능력은 여자보다는
남자쪽에 많다.

더욱이 이런 상담은 매일 있는 것은 아니다. 1년에 몇 번
정도일 것이다. 그러므로 아버지의 말에 무게가 있다.

반대로 일상생활의 예의범절, 생활 태도의 감시는 어머니
몫이 된다. 평소에 자녀와 같이 있는 시간이 많으므로 당연
히 그렇게 된다. 필연적으로 잔소리가 많게 된다. 자녀가 잔
소리에 익숙해져서 들은 척만 한다면, 때로는 아버지의 입을
통하여 꾸중하는 것도 좋은 방법이다. 그것이 양친의 능숙한
연계 플레이다.

이처럼 부모의 역할을 분명하게 이해하지 못하면 자녀는
어느 쪽 말을 믿어야 할지 모른다. 또 부모의 의견이 일치하
지 않다고 불안감을 갖게 될 것이다. 명령계통이 일원화되지
않으면 일처리가 매끄럽지 못하게 되는 것은 군대에서나, 기
업에서나, 가정에서나 마찬가지가 아닐까?

내가 걱정하는 것은 젊은 부모들이 각자의 역할을 넘어서
까지 담당하자는 식으로 일을 혼란시키고 있지는 않을까 하
는 점이다.

가끔은 아버지가 부엌일을 도와주는 것도 좋을 것이다. 어

머니가 일 때문에 늦지 않으면 안 될 경우도 있을 것이다. 그러나 그 일의 본래 책임자가 누구인지를 분명히 해 놓을 필요가 있다고 생각한다.

여자와 남자 각자에게 적합한 역할이 있기 때문에 그것을 무시하는 것은 석연치 않은 감이 든다. 각자의 분담을 분명하게 확인하고 서로의 영역을 침범하지 않는다. 이것이 자녀에게 안정감을 주게 된다.

어머니는 이중인격의 소유자가 되라

가정에서 자녀에 대한 주도권은 어머니가 잡아야 한다. 아이에게 있어서 아버지가 어머니 이상으로 가까운 존재가 되어서는 안 된다. 그래서는 진정한 균형이 이루어진 가정이라고 말할 수 없다.

평소의 접촉하는 시간이 많은 어머니가 자녀와의 사이가 먼 존재밖에 안 된다면, 그 어머니는 어딘가 결함이 있다고 생각하지 않을 수 없다. 그러나 가까운 관계일수록 어머니 중에는 자기 혼자서 자녀를 키우고 있다는 착각에 빠져 있는 경우도 있다.

혹은 어머니 자신의 취향대로 자녀를 교육시키려고 한다. 예의범절 방법에서 인생관, 인간관까지 어머니 혼자 자기 뜻대로 강요하려고 한다.

실제로 자녀와 접촉하는 당사자는 어머니일지라도 그 실천 속에는 아버지의 뜻도 포함되어야 한다. 혹은 아버지의 이념을 형상화하여 실행하고 있다는 생각도 필요할 것이다. 교육의 주도권을 잡고 있다고 해도 자기 뜻대로 강요한다는 의미가 아니다.

양친이 모두 있는데, 어머니 혼자서 혹은 아버지 방식대로 교육시키려는 것은 자연에 위배된다. 그래서 어머니는 이중인격 소유자이기를 바란다.

아이와 가까이에 있고, 때로는 거리를 두고 냉정하게 바라보는 자세는 자녀를 낳은 부모로서의 감정과 인생 선배로서의 이성을 함께 사용해야 한다

때로는 아이와 가까이에 있고, 때로는 거리를 두고 냉정하게 바라보는 자세를 말한다. 자녀를 낳은 부모로서의 '감정'과 인생의 선배로서의 '이성'을 함께 교육에 사용하길 바라는 것이다.

자녀에 대한 올바른 가정교육은 어느 한쪽만을 의지해서는 안 된다. 자녀에 대하여 너무 관대해도, 너무 엄격해도 어머니 자격에 합당치 않다. 하지만 가정에서 자녀 교육에 대한 주도권을 갖고 있기 때문에 스스로 이중인격자임을 의식하기 바란다.

자녀에게 어느 정도의 태도를 보여줘야 할 때, 혹은 해결을 강요 받았을 때 머리 한 구석에서 "이럴 때 아버지였으면 어떻게 할까?" 하고 잠깐 생각하는 습관을 갖길 바란다. 자신이 생각하고 있는 가치관이 자녀에게 올바른 것인지, 자신을 의심해 보는 자세가 있다면 좋겠다고 생각한다.

여성은 이런 의미에서 이중인격자가 되어 처신하기가 매우 어렵다. 여성이란 본래 태어날 때부터 그렇다. 때문에 어머니로서 유능하다고 믿고 있다. 그러나 마음 속으로 잠깐이라도 이중인격을 의식하면 지금보다는 훨씬 충실한 가정교육을 할 수 있다.

"학교 다녀왔습니다."하고 귀가 했을 때 어머니가 집안에 없으면 자녀는 공부하지 않게 된다

가정 내에 있어서 아버지와 어머니의 역할이 우리 시대와 비교하면 많이 변했다. 무엇보다도 여성이 밖으로 나가게 된 것이 원인일 것이다.

나는 구식 생각을 가지고 있는지 모르겠지만, 단연코 어머니는 집에 있어야 한다고 고집한다. 우리 학교 학부형의 경우에도 맞벌이 부부가 늘고 있다.

그러나 그 중에는 훌륭한 생활 방법을 사용하는 어머니도 있다. 자녀가 집에 돌아올 시간에는 자신도 자기 업무를 마치고 돌아와 자녀를 맞이 한다. 나는 이런 방법이이이야말로 현명한 가정교육이라고 감탄하고 있다.

아이가 집에 돌아왔을 때 아무도 없다. "다녀왔습니다." 하고 말해도 조용하기만 하다. 이는 아이들에게는 마음에 깊은 상처가 될 우려도 있다. 어른도 아무도 없는 집에 돌아오는 것은 싫다.

여름방학에 아내가 아이들을 데리고 친정에 간다. 남편은 아무도 집에 없다는 것을 알고 귀가한다. 휑뎅그렁하니 자신의 발자국 소리만 들린다. 평소에는 시끄럽던 아이들의 소리가 몹시 그리워진다. 누군가가 맞이해야 한다.

내 자식도 맞벌이 부부이다. 손자가 돌아올 시간에 부모가 없다. 그러나 할머니인 내 아내가 맞이한다. 문제는 자신과

친한 누군가가 있으면 아이는 안심한다.

"다녀왔습니다."

"응, 어서 와라."

이것으로 충분하다. 그 소리로 자녀의 마음이 평안해진다.

혼자서 열쇠로 문을 열고 들어온다. 물론 아무도 없다. 조
용하다. 공부하는 데는 절호의 찬스다. 부모는 형편에 맞게
이렇게 생각하지만, 실제로 책상 앞에 앉는 아이는 거의 없
을 것이다. 어른 입장에서도 마찬가지이다.

귀찮은 마누라도 아이들도 없다. 오랜만에 책을 읽으며 충
실한 시간을 보내고 싶다고 생각은 했어도, 막상 그 때가 되
면, TV 앞에 벌렁 드러누워 방해물이 없다고 하여 뭔가 유
익한 일을 하게 되지 않는다. 무엇을 하고자 하는 의욕을 상
실하고 만다. 어른도 그러므로 아이들의 경우에는 더더욱 게
으름 피우는 마음이 강하게 된다.

외롭다. 사람이 그립다. 친구가 필요하다……. 자꾸만 안
좋은 방향으로 달음질친다. 상당히 극기심이 강한 아이이거
나 아니면 성격적으로 얌전한 아이 외에는 고독을 싫어한다.

그러므로 누군가가 집에 있어야 한다. 어쩔 수 없이 맞벌
이를 해야 할 경우에는 자녀에게 그러한 사실을 납득시켜주
길 바란다. 협력을 부탁하라.

어느 의미로는 그것이 자녀를 신뢰하는 것도 되고, 자녀에게도 가정 운영의 한 부분을 맡기는 책임도 된다. 그렇게 하면, 자녀는 참아준다.

여성의 자립이란 굳이 밖으로 나가야 획득할 수 있는 것이라고 생각해 본다. 아무튼 사람은 주변에 누군가가 없으면 게으름뱅이가 된다는 것을 알아두길 바란다.

가정교육이 좋은 집안의 자녀는 공부 방법도 스스로 터득한다

　신문 광고란을 읽고 있다가 감동적인 것을 발견했다. 어느 택시회사가 이런 내용의 구인 광고를 내고 있었다.

　'운동 선수 환영, 단 정규 선수는 사절, 보궐 선수에 한합니다. 고등학교에서 3년간 열심히 운동한 사람'

　과연! 하고 생각했다.

　그 회사는 PR용 운동부를 갖고 있지 않으므로 스포츠에 재능이 있는 사람을 필요로 하고 있는 것이 아니다. 오히려 스포츠로 배양된 '마음가짐'을 요구하고 있었다.

　보궐 선수이므로 3년간 한 번도 시합에 나가지 않았다. 그러나 운동부를 그만두지 않았다는 점을 높이 평가한다. 그러한 학생은 언젠가는 자신에게 찬스가 올지도 모른다고 끊임없이 생각하는 적극적 정신의 소유자이다. 단념하지 않는 타입이다. 팀에서는 자신과 같은 존재가 필요 없다고 생각하고 있을지도 모른다. 말하자면 인간의 아픔을 알고 있는 선수이기 때문이다.

　대학을 나왔어도 정면에서 인사조차 제대로 하지 못 하는 신입사원이 늘고 있다고 한다. 단지 성적이 좋다는 이유만으로 팔푼이 인간을 회사가 환영한다는 결과이다. 이는 에이플러스(A+)라는 성적만으로 아이의 마음 속을 보지 않고 칭찬하는 태도와 마찬가지이다.

사회에 진출하여 도움이 되는 사람은 전인교육이 잘된 사람이다. 성적보다는 예의범절에 빈틈이 없는 사람이 진정으로 일을 잘 한다. 학교에서도 나는 그것을 입이 닳도록 말하고 있다.

나는 통학 도중에 학생과 마주 지나치면 "똑바로 인사 못하겠니?" 하고 야단치곤 한다.

그러서인지 "우리 학교 학생들은 몸가짐이 바르다"는 칭찬을 받고 있다.

일류대학에 많이 들어가는 것도 중요하지만, 나는 그렇게 칭찬 받는 쪽이 더 기쁘다. 어머니야말로 그 중요한 예절교육 전문가가 되지 않으면 안 된다.

공중 목욕탕 안에서 선 채 물을 끼얹어 주위 사람들에게 실례를 했음에도 이를 모르는 학생이 있다. 엘리베이터를 기다리고 있을 때도 내리는 사람보다 먼저 서둘러 타려고 하는 아이들이 있다. 식사를 할 때 아무렇지도 않게 음식을 남기는 아이도 있다.

어릴 때 바른 예절교육을 받은 아이는 공부라는 요령을 궁리해 낼 수 있는 아이가 된다. 책상 위가 난잡하다든지, 책꽂이에 책이 흩어져 있고 방도 정리되어 있지 않은 아이는 수업도 제대로 받을 수 없는 아이이다. 스스로 합리적인 스케줄을 만들 수 없다.

공부란 일종의 정리이기도 하다. 어떻게 머리 속에서 일을
짜임새 있게 정리할까?

책상이 난잡스런 아이에게 그것은 불가능하다는 말이다.
자신의 자녀가 정규 선수가 아니라고 불만을 갖기 전에 예의
범절의 전문가인 어머니는 훌륭한 보궐선수로 만들 것을 명
심하길 바란다.

낙방이나 패배도 중요한 것임을 가르쳐라

이런 이야기를 들은 적이 있다.

같은 반에서 A와 B가 대학 시험을 봤다. A는 지망한 사립 대학교 문학부에 합격했으나, 성적이 우수했던 B는 지망한 S 대학 법학부에서 떨어졌다.

이윽고 2년 후 두 사람은 A의 대학 캠퍼스에서 만났다. S 대학을 지망했던 B가 왠지 같은 벳찌를 달고 있었다. 그럭저럭 2년을 재수한 후 결국 A와 같은 대학을 들어간 모양이다.

대학에서는 2년 선배인 A가 진심으로 "잘 했어!" 하고 위로했다. 그러나 B는 불쾌한 듯 "나는 이런 학교에는 다니고 싶지 않았어." 하고 무시하고는 A에게 등을 돌리고 사라졌다고 한다. 지망한 대학에 떨어지고 재수 삼수를 하여 원치 않던 대학에 겨우 진학한 것이다.

"패배다, 낙오자다"라고 생각하는 것은 우스운 일이다. 왜냐 하면, 그렇게 해서 겨우 자신의 위치를 안 것이기 때문이다. 많은 인간들 속에서 자신이 담당해야 할 역할, 랭크(순위)가 보이기 시작한다. 그것은 자기를 아는 기회가 된다.

"외국어 고등학교에서도, 재수, 삼수하는 학생이 있다."고 하면 깜짝 놀랄 사람도 있다.

이상한 것이 아니라, 원하는 지망학교에 들어갈 때까지 열심히 하는 학생도 있겠지만, 겨우 자신을 납득시켜 지망 학과와는 다른 학교에 진출하는 것이 보통이다.

머리를 긁적이며 멋쩍은 표정으로 그러한 일을 보고하러 오는 재수생 제자에게 나는 이렇게 말한다.

"잘 했어! 거기가 자네에게 맞는 학교라는 셈이야."

높은 이상을 가지고 매진하는 것이 청춘의 자세이다. 그러나 그것이 너무 자신의 능력과 차이가 있으면 극복할 수 없는 자신에게 더 초조해질 뿐이다.

진정으로 강인한 사람이란 당당하게 패배할 수 있는 사람이라고 생각한다. 지망한 대학에 떨어진 것이 자신에게 마이너스가 아니라 플러스가 된다는 발상을 할 수 있는 사람이 될 필요가 있는 것이다.

앞서 소개한 주인공인 B는 지금은 고향으로 돌아가 변호사를 개업했다고 했다. 10여 년이 지난 후에 만난 A의 이야기를 들어보면 "그때 S대학을 떨어진 게 잘 됐어. 그렇지 않았다면 무모한 욕심을 가지고 있었을 것이야."라며 B는 웃으며 말했다고 한다.

실패하지 않은 사람은 실패를 한 경험이 있는 사람과 비교해 보면, 어딘가 허약하다.

훌륭한 교사가 될 수 있는 사람은 학창 시절의 성적이 그다지 좋지 않은 학생이었다고 하는 것이 나의 지론이다. 그런 사람은 아픔을 알고 있기 때문이다. 인생이 무엇인지를 가르칠 자격을 갖고 있다.

아무쪼록 패배를 두려워하게 하는 격려는 하지 말기를 바란다. 한때 잘 보이기 위해 열심히 공부한 것만으로는 장래를 위한 도움이 되지 않는다.

자녀를 어머니에게 맡겨 버리는 아버지가 너무 많다

우리 학교에서는 한 달에 한 번씩 '학부모회'라는 이름으로 모임을 갖고 있다. 그러나 출석자들의 거의가 어머니이며 아버지의 모습은 극히 소수이다.

다른 학교에서는 평일에는 학교에 올 수 없는 아버지를 위해 일부러 일요일에 아버지 참관일을 마련한 학교도 있는 것 같지만, 우리 학교에서는 하지 않고 있다. 필요치 않다고 생각하기 때문이다.

결국은 같은 일을 두 번 되풀이할 뿐이다. 어머니나 아버지 어느 한쪽이 다른 쪽에 전달하면, 그것으로 충분치 않겠는가 하는 생각 때문이다.

수험의 주역은 자녀이다. 그러기 때문에 부모가 아무것도 하지 않아도 좋다는 말이 아니다. 특히 성적이 좋은 자녀를 둔 부모가 안심하고 학교나 학원에 맡겼다가 예기치 못한 함정에 빠지는 경우가 있다.

학교 성적도 좋고, 일상생활 태도도 만점, 부모나 교사의 말도 잘 듣는다. 누가 봐도 나무랄데 없는 '모범생'일지라도 역시 괴로움이 있다.

부모가 보기에는 빈틈 없는 자녀일지라도, 한창 사춘기 중인 학생의 마음은 복잡하다. 부모가 자신을 믿고 있다고 생각하면 할수록 자신의 괴로움을 털어놓을 수 없게 된다. 걱정을 끼쳐드리고 싶지 않은 마음에서이다.

아이에게 고독이 생긴다. 성적이나 표정 등이 외견상으로 완전하면 할수록 속마음을 보기 어렵게 된다. 가장 가까이에 있는 부모도 자녀의 겉모습 밖에 볼 수 없다는 것은 슬픈 일이다. 물론 성적이 나쁜 아이일지라도 정서적인 면은 마찬가지일 것이다.

"어차피 저 아이는 안 되니까." 하고 단념한다면 역시 고립된다.

시험기, 사춘기를 보람되게 하는 작업은 부모와 자녀가 함께 하지 않으면 이루어지지 않는다. 하지만 함께 고민할 필요까지는 없다. 부모는 부모의 역할을, 자녀는 자녀의 역할을 다 하자는 뜻이다.

직장에서 지쳐 돌아온 아버지는 "그런건 당신이 알아서 해요"라며 피한다. 그러한 아버지가 적지 않다. 어느 한쪽에게 자녀의 문제를 떠맡기는 것은 옳지 못하다.

'아버지의 역할은 일, 어머니의 역할은 다르다' 하는 식으로 단순하게 나누어진 부모도 있겠지만, 이는 구실 좋은 책임 회피에 불과하다. 부모 자식간의 공동 작업이라고 해서, 어떤 것을 봐준다든지, 교사와의 상담에 나간다든지 하는 것으로 책임을 다하는 것이 아니다.

시험공부에 지쳐 있는 자녀나 사춘기에 괴로워하고 있는 아이는 아버지를 인생의 선배로 보고 있다. 그럼 점을 의식하고 있는 것만으로 족하다. 자신을 바라보고 있다는 것을 알고 일상생활을 성실하게 보내야 한다. 그것이 아버지가 자녀에게 주어야 할 최소한의 의무이다.

이것을 어머니에게 떠맡길 수는 없다. 불문곡직하고 아버지는 참여하지 않으면 안 된다. 아버지는 우선 자신의 존재 가치에 신경을 썼으면 한다.

어떤 텔레비전 드라마를 봤더니, 아버지는 청소부(환경 미화원)로 아침 일찍부터 길가에 쌓인 쓰레기며 철거물 등을 청소차에 쓸어 담아 운반하는 일에 종사하고 있지만, 그는 그 일을 자랑스럽게 생각하고 있다.

그러나 그의 어머니는 그것이 창피해서 견딜 수 없다. 어떻게 해서든 자식은 대학에 보내어 아버지 같은 불결한(어머니에게는 그렇게 생각됐을 것이다) 일만은 하지 않게 해야겠다고 생각했다.

"성실하게 일하는 내 생활 방식이 어째서 인정 받지 못하는 거야?"
하며 분개하는 아버지의 말을 들은 동료 직원 한 사람이 어느날, 그 학생을 택시에 태워 아버지를 뒤쫓아 다니며 그 일하는 모습을 보여줬다. 아이는 땀을 흘리며 일하는 아버지의 모습에 감동한다는 내용이다.

아버지가 가족을 위해 일하는 모습을 보여주는 것은 나쁜 것이 아니다. 어떤 아이일지라도 아버지를 다시 새로운 모습으로 보게 될 것이다.

또 다른 이야기도 들었다. 영업 관계의 일을 하고 있는 아버지는 매일 밤 늦게 술에 취해서 돌아온다. 그리고 집에까지 회사 일을 가지고 귀가한다.

"이것이 자녀에게 의욕을 주는 방법이다."라고 자기 자랑을 한다.

일 외에도 진지한 아버지의 모습을 보여주지 못하게 되면, 좀 곤란하다는 기분이 든다. 아무것이나 일이 아니어도 좋다. 신문을 읽는다거나 책을 본다거나 혹은 텔레비전 다큐멘터리 프로를 본다. 단지 시간을 보내기 위한 것이 아니라, 적극적으로 무엇인가를 알고자 하고, 배우고자 하는 모습을 보여주길 바란다. 요는 열중하는 것, 무언가 좋아하는 것에 열중하면 되는 것이다.

그렇다고 해서 화투나 경마, 스포츠 관전만 한다면 곤란하다. 자신을 성장시키기 위해 "공부하고 있다." 아니면 "배우고 있다."는 자세를 보여주길 바란다.

아버지가 서재에서 진지한 얼굴로 책을 읽고 있다. 그러면
어린 아이는 구석에 앉아서 좋아하는 그림책을 읽는다. 그런
모습이 이상적인 부모와 자식간의 관계이다.

아버지와 자식이 함께 작업을 하고 있다거나 뭔가를 만든
다는 것, 자녀에게 있어서는 그것이 대단히 즐겁고 행복하
다. 드러누워 텔레비전 밖에 볼 줄 모르는 그런 모습은 효과
가 없다는 말이다.

성적을 위한 교육열이 아니라 진정한 교육을 위한 열정이 필요하다

나는 '교육 엄마'라는 말을 싫어하지 않는다. 단, 본래 의미의 교육이라는 것을 이해하고 있는 어머니인 경우에 불러주고 싶은 명칭이다.

진정한 '교육 엄마'란 교육이란 말을 학교의 '성적'과 오해하고 있지 않는 사람을 말한다.

즉, 교육은 학교나 학원, 책상 앞에서만 가능하다고 생각하고 있는 부모가 아니라는 뜻이다. 자기 자녀의 능력을 빨리 파악하여 그 능력을 발휘하기 위해 환경을 갖추어 줄 수 있는 어머니야말로 진정한 교육 엄마이다.

능력이라고 해서 능력의 전부는 아니다. 창조성, 독창성, 협조성, 혹은 운동 능력까지 포함한다. 그 아이가 가지고 태어난 남보다 훌륭한 점, 아니면 남에게 도움이 되는 재능이다. 그것을 발견하여 주는 것이 교육 엄마의 역할이다.

오늘날의 교육 엄마는 교육이라는 말을 너무 좁은 범위에서 해석하고 있다. 학교에서 배우는 국어나 영어, 수학 등의 과목만이 교육의 전부가 아니다. 자녀의 장래를 생각한 나머지 아이를 재촉하여 필사적으로 공부시킨다고는 하지만, 그것은 교육을 위한 열정이 아니라, 성적을 위한 열심이라고밖에 말할 수 없다.

성적이 좋은 것이 훌륭하게 교육시켰다는 증거가 될 수 없다. 그러한 사람들은 교육이란 말 앞에 인간이란 글자가 숨어 있다는 뜻을 모른다.

성적이 아니라 인간으로서 살아가는 지혜를 가지고 아이의 능력을 저울질할 수 있는 부모가 진정한 교육을 위해 열심을 다하는 부모이다.

따라서 숫자나 양으로 분명하게 나타나지 않으면 자녀의 능력을 파악할 수 없다는 것은 슬픈 일이다.

진정한 인간의 능력이란 것은 간단하게 숫자로 나타낼 수 있는 것은 아니다. 자녀를 재촉하며 학원에 보낸다, 참고서를 사 준다, 진학 상담에도 적극적으로 참가한다……. 자녀에 대한 열심도를 측정하는 어떤 강도를 말하는 것일까?

거기에는 학교 성적이 모든 것이고 인간을 보려고 하지 않는 부모의 모습이 있다.

성적이 향상되면 곧 인간 교육도 충분히 되는 것은 아니다. 반대로, 성적만을 추구하다가 인간으로서의 부분이 형식적이 된 케이스가 많다.

어느 학생의 아버지는 대단히 지적 수준이 높아서 거의 매일이라고 해도 좋을 정도로 공부를 가르쳐 준다. 그러나 자녀는 부모의 열정에 따라 가지 못하여 몇 번이나 도망쳤다고 한다.

자녀가 부모에게 바라는 것은, 이러한 학교 교사로서의 역
할이 아니라 어디까지나 인생의 선배로서, '인간이란 무엇인
가'를 가르쳐 주는 역할이라고 생각한다. 즉 올바른 인간교
육을 바라는 것이다.

"제발 부탁이야"하는 격려 방법은 자녀를 위한 것이 아니다

개구쟁이 아이는 어머니를 애먹이는 것이 일이다.

발에 흙을 묻힌 채 현관에서 거실로 들어온다. 세면장 샤워기를 들고 거실에 물을 뿌리기도 한다. 식사 때는 사방에 밥알을 흘려놓는다. 어머니는 그때마다 야단치지만, 아이는 몇 번이고 같은 일을 되풀이한다.

나중에는 야단칠 기력마저 없는 어머니는 아이에게 애원한다.

"제발 부탁할게. 이제 좀 그만해다오."

말하자면 패배 선언이다. 이러한 광경은 어느 가정에서나 볼 수 있는 모습이 아닐까?

유치원에서 초등학교로 진학한다. 급식이 시작되어도 변함없이 김치를 싫어하는 습관은 고쳐지지 않는다.

"제발 부탁할게 먹어라,"

부모가 자녀에게 애원하자, 이상한 일이다. 어머니가 괴로워하기 때문에 발에 흙을 묻히지 않고 들어와 준다. 어머니를 만족시켜 주기 위해 김치를 먹어준다. 말의 의미를 정확하게 해석하면 이렇게 되지 않겠는가.

본래는 아이를 꾸중해야 하는데도 그런 노력이 성가시다는 것을 스스로 선언한 말이라고도 할 수 있다. 누군가에게 뭔가를 부탁할 때는 본래는 자기가 해야 할 것인데, 그렇지 못할 이유가 있기 때문에 의뢰한다는 의미가 있다.

가령 어머니가 저녁 준비를 위해 물건 사는 것을 부탁한다든지 할 때는 자신이 해야 할 것을 남에게 부탁하는 것이므로 "고맙다"라는 말이 솔직히 나온다.

그러나 본래는 아이 자신이 해야 할 것까지 어머니가 부탁하고 있다는 사실을 잊어서는 안 된다.

공부하기 싫어하는 자녀에게 "제발 부탁이니 1시간이나 30분만이라도 공부 좀 해라."는 말을 하는 어머니도 있다. 이러한 부모는 자녀가 책상 앞에 앉아 공부를 하거나 입시에 합격했을 때 "고맙다"고 머리를 숙일 것인가?

어머니의 부탁에 못 이겨, 어머니를 만족시켜 드리려고 열심히 공부하는 수험생이 있다면 우스운 일이다.

만약 그렇다고 하면, 이들 부모나 자식은 "고맙다" "아니예요. 별말씀을"이라고 서로 격려의 말을 나누겠는가?

부모, 특히 어머니에게 하고 싶은 말은 자녀에 대해서 "부탁한다"는 말을 함부로 사용하지 말라는 것이다. 나를 괴롭히지 말라, 슬프게 하지 말라는 식으로 부탁하는 것은 결국 부모 마음을 만족시키면 그만이라는 말밖에 안 된다.

그런 부탁하는 마음 속엔 언제까지나 자녀를 소유화하려는 생각이 있음을 깨닫기 바란다.

자녀는 부모를 위해 존재하는 것은 아니다. 왜 "이렇게 해라. 그것이 네가 할 일이다. 의무다."라는 태도로 대할 수 없는 것일까?

부모가 자녀 앞에서 손을 비비며 애원하는 자세는 아무리 생각해도 부자연스럽다.

잘못된 '애정 표현'은 자녀 성장의 싹을 잘라 버리는 결과를 가져다 준다

자신은 친절하다고 생각하는 행동이 받아들이는 상대에게는 오히려 실례가 되는 경우가 있다.

남과의 관계에서는 그것을 알면서도 어찌된 일인지 부모 자식 간에서는 모른다. 그렇다면 자녀는 부모와 같은 생각을 한다고 믿고 의심하지 않는 것일까?

지방에서 일을 마치고 돌아오는 도중 그 지역 신문에서 본 재미있는 이야기가 실려 있어서 소개하고자 한다.

一한 농가의 주부가 어느날 산에 고사리를 꺾으러 갔다. 한참 정신없이 고사리를 꺾다가 고라니 새끼가 등 뒤에 있다는 것을 알았다. 쉬! 쉬! 하고 쫓아도 도망 가려 하지 않았다. 오히려 사람에게 다가서는 것이었다. 불쌍하게 생각하며 그 주부는 집으로 데리고 왔다. 2~3일은 돌봐주었지만, 일이 바쁘고 일손이 모자라기도 하고 먹이에 대해 잘 몰랐다. 자신같이 서툰 사람은 사육하는 게 무리라고 생각하여 동물원에 의뢰하기로 했다.

그 후 신문에 동물원 원장의 이야기가 실렸다.

"그 아주머니는 애정이 있기 때문에 고라니의 새끼를 데리고 왔겠지요, 그러나 인간이 고라니를 키우면, 성장한 후 이제 고라니를 자연으로 돌아가게 하려 해도 본능적인 생활력을 잃어버렸기 때문에 살 수 없게 됩니다. 그것이 고라니에 대한 진정한 애정일까요?"

기자는 깊이 느낀다며, 오늘날 어머니들이 자녀에 대한 애
정 표현도 마찬가지라고 결론지었다.

자신은 애정이 깊다고 생각하여 한 행동이 도리어 자녀의
성장에 역효과가 되는 경우도 많다. 그렇지 않기 위해서는
"가엾다"고 생각하는 자신의 마음을 정리해 볼 필요가 있다.
자녀가 아무리 공부해도 학급에서 성적이 오르지 않으면, 부
모는 그것이 싫고, 또한 열심히 하는 자녀의 모습이 애처롭
고 가엾다.

그러나 이것은 부모측에서 그린 일방적인 이미지일 뿐이
다. 자녀는 자신의 노력이 부족한 것을 알고 있지만, 자신이
가엾다고는 생각지 않을 것이다. 자녀가 열심히 답을 찾으려
하고 있는데, 거기에 부모가 옆에서 답을 가르쳐 준다면 아
이의 노력은 완전히 헛수고가 되고 만다. 스스로 생각하고
스스로 해결하는 기회를 '친절한 부모'가 빼앗아버리는 셈이
되고 만다.

자녀의 일에 함부로 동정을 베풀고, 도와주는 것은 진정한
애정이 아니다. 그것은 부모가 스스로 만족하기 위한 행위일
수밖에 없다.

어떤 아이에게나 강한 향상심이 있다는 것을 잊어서는 안 된다

초등학교 때의 천진했던 모습이 사라지고, 내 자녀가 어쩐지 갑자기 어른스러워진 것처럼 생각되는 시기는 중학생이 되고부터일 것이다.

이때 아이는 신체적 성장과 정신적인 균형이 잡히지 않아 생각과 행동이 뜻대로 잘 안 되어 답답해 함이 주위 사람에게도 느껴지는 시기이다.

"퇴근하고 집에 돌아와 거실로 들어섰는데, 키가 큰 남자가 등을 돌리고 앉아 있었다. 손님인가 하고 봤더니 아들이었다."

고 어느 아버지가 아들의 급성장에 놀라서 하는 이야기를 들은 기억이 난다.

부모 쪽에서 보면 귀여운 아들 딸이 어쩐지 정체를 알 수 없는 사람으로 변해 가는 것같이 생각이 드는 시기이다. 그것이 부모가 본 사춘기 자녀의 모습이 아닐까?

"도대체 말을 안 듣는다."

"무얼 생각하고 있는지 전혀 모르겠다."

이런 상담을 어머니들에게서 받는 것도 이 시기이다.

부모의 입장에서 보면 내 자녀가 낯선 외국으로 여행을 가고 싶다고 하면 불안하여 견딜 수 없겠지만, 이는 오히려 건전한 성장의 징조라고 받아들이는 편이 좋을 것이다. 부모로서는 자녀의 침묵은 "부모에게 말하기 어려운 뭔가 나쁜 생각을 하고 있지나 않을까?" 하고 곧 의심하게 된다.

그러나 그렇지 않다. 아이들이란 계속해서 성장하고 또한 항상 올바른 것을 추구하려 하고 생각하려는 마음이 강하고, 보다 자신을 높이고 싶고 남으로부터 좋게 여겨지고 싶어져서 전력을 기울이고 싶다는 의지를 갖고 있다.

그러한 것들은 인간으로서의 건전한 욕망이다. 자연적인 향상심인 것이다. 그러한 이상에 대한 고민이 침묵이라는 형태로 부모 눈에 비치는 것이다. 정의감이 강한 나머지 오히려 서두르거나 사람을 불신하는 마음을 갖기도 하는 것이 일반적이다. 그러한 그들에게

"멍청하게 있지 말고 공부 좀 해라."

"쓸데없는 고민하지 말고 공부해라."

고 말하는 것이 과연 효과가 있겠는가? 자녀에게는 어떻게 들리겠는가?

"공부를 하지 않으면 안 된다는 것은 알고 있어요!"

누구나 그런 초조함을 느낀다.

반대로 "그렇게 공부가 중요한가." 하고 반항하는 아이마저 없다고는 할 수 없다. 모처럼 자녀들의 마음 속에 자라나는 향상심의 싹을 자를지도 모른다.

이 시기의 자녀들의 고민은 대부분 그러한 향상심 때문에 초조함과 불안이 생기는 것이다.

부모는 그러한 분위기를 충분히 알기를 바란다. 수험생의 고민이 공부에 관한 것만은 아니다. 그것은 샐러리맨의 고민 거리가 수입이나 출세만이 아닌 것과 마찬가지일 것이다.

수험생이기 이전에 그들은 인간이다. 그런 면의 고민이 강한 시기임을 이해해 주길 바란다. 그것을 무시하고 계속하여 수험기만을 강조하려고 하면, 자녀는 공부에 등을 돌리게 된다는 것을 유념해야 한다.

돈을 들이면 훌륭한 교육을 받을 수 있다고 생각하는 것은 잘못이다

최근 실시한 「가계와 교육비의 실태조사」라는 기사를 신문에서 보았다. 그에 따르면, 아버지의 용돈은 늘지 않는데, 교육에 사용되는 돈은 날로 증가하는 편이라고 지적하고 있다.

그러나 부모들은 "자녀에게 물려줄 재산은 교육밖에 없다."고 하며 견디어 내고 있다.

본래 교육이란, 형태가 없는 것이다. 말하자면 돈이 들지 않는다는 것이다. 그러나 현대에는 돈을 들이면 들일수록 좋은 교육을 받을 수 있다고 누구나 착각하고 있다.

고급 외제 명품과 마찬가지로 교육도 또한 돈만 지불하면 얻을 수 있다고 생각하기 시작했다. 그러나 돈 이상으로 힘이 있다는 것을 알았으면 한다.

그것은 부모의 자신감이란 것이다. 가령 명문대학을 졸업하고 일류기업에서 좋은 직위에 있으면서도 가슴을 펴고 살지 못하는 사람이 있다.

자신의 생각과 목표에 자신감을 갖지 못하고, 타인의 말을 빌릴 뿐 자기를 표현할 수 없는 사람이 있다는 말이다. 일은 실수없이 하면서도 자신의 의지를 반영할 수 없다. 남의 눈을 의식하여 자신의 태도를 분명하게 밝힐 수 없는 사람이 있다.

자기 생활에 자신이 없는 부모는 자녀의 인생에 기대하여 자기의 삶을 낭비할 뿐이다

반대로 학력이 낮아도 당당하게 살아가는 사람이 있다. 자신의 기술을 자랑스럽게 여기는 기능공이 있는가 하면, 이웃에게 신선한 생선을 파는 것을 기쁨으로 삼는 생선가게 주인도 있다. 그러한 일이 자신의 역할이라고 믿고 적극적으로 책임지려는 사람들이다.

자녀들의 눈으로 보면, 어느 쪽의 생활 방식이 격려가 될지는 누가 봐도 분명하다. 자기 생활에 자신이 없는 부모는 자녀의 인생에 기대하여 자기의 삶을 낭비할 뿐이다.

부모에게도 장래가 있고 해야 할 일들은 많이 있는데도 자신의 인생은 실패했다, 보잘 것 없는 내 인생! 하고 간단하게 결론을 내어버리면 생활은 의욕이 없어지고 그 끝은 절망이 기다리고 있을 것이다.

끊임없는 목표가 있고, 좀 더 자신을 향상시키고 싶고, 고칠 수 있는 것이라면 자신의 결점을 고치고 싶다, 남은 인생이 이제 20년 밖에 없다고 생각하느냐, 아직 20년이나 더 남아있다고 생각하느냐 그 자세에서 큰 차이가 있다. 자신감이 있는 부모는 "아직 있다"고 하는 정신력으로 노력하는 자세를 자녀에게 보여주었으면 한다.

그러나 많은 부모는 불안 투성이다. 불안하기 때문에 자녀를 기숙사에 들어가게 하고 비싼 교재를 사 준다. 돈을 주고 안심을 사려고 한다. 많은 돈을 들여 교육이라는 이름의 부채를 청산하려고 하고 있다.

그러나 부모가 스스로 엄격하게 생활하고 변하지 않는 삶을 이어가는 그러한 자신감을 보여주는 자세야말로 진정한 재산이 되어 자녀에게 전달되어지는 것이 아니겠는가?

훌륭한 아버지, 어머니의 자세야말로 돈 주고 살 수 없는 보물인 것이다.

"합격하면 놀 수 있다"는 격려는 안 좋다

학교에서 수업 템포를 맞출 수 없는, 이른바 낙제생들 만을 모아서 교육하는 사립학교가 있다는 것을 알았다.

그 학교에서는 아이들에게 시간을 주지 않는다고 한다. 기상, 아침 체조, 식사, 수업, 청소 등 잠시의 틈도 없는 스케줄을 아이들에게 부여한다. 계속해서 해야 할 일이 있으면 그 만큼 아이들은 한눈 팔 시간이 없다.

아무튼 녹초가 되어 피곤하면 잠을 잘 뿐이다. 불평 따위는 생각할 여유조차 없다. 그렇게 하여 끈기나 극기심을 키워나가는 것이다.

혼자서 생각하고 판단하는 능력이 약한 아이에게는 효과적인 방법의 하나라고 느꼈다. 인간은 약한 존재이다. 남이 보고 있지 않으면 점점 편안해지고 싶어한다. 해야 할 일이 없으면 노는 것을 생각한다. 일을 만들어서 해야 한다고 생각하는 사람은 극히 소수이다.

깡패라는 인종은 본질적으로 게으른 자의 집단이라고 들었다. 가능한한 편안해지려는 사람들이 모이면, 그렇게 되는 모양이다. 부지런히 노력하려는 깡패의 모습은 상상이 가질 않는다. 가난한 사람은 항상 바쁘다는데 깡패들 중에는 그런 사람이 없는 것 같다.

아무튼 여유가 있다는 것은 대다수의 사람에게 있어서는

위험한 함정을 가지고 있는 셈이다. 수험생이 시간적으로 여유를 가져서는 안 된다.

어쨌든 해야 할 것들이 산적해 있다. 그것을 하나하나 극복해 가는 것이 일이다. 초등학교 학생 정도의 어린이를 살펴보면 바쁘게 생활하고 있는 아이일수록 공부하는 방법도 좋다.

먼저 놀지 않으면 안 된다. 그리고 나서 학원에 가고, 귀가하고, TV 보고……. 다음 다음으로 이어지는 스케줄이 꽉 차 있다. 그러나 그것을 잘 소화하는 동안에 처리 능력이 발달하는 것이다.

당연히 공부하는 방법도 헛된 것이 없다. 짧은 시간에 집중하여 싹 해치운다. 우리 학교 학생들을 보고 놀란 것은 공부를 "괴롭다"고 생각하는 반면, 한편으로는 여유를 가지고 적당히 자신의 생활을 즐기고 있다는 점이다. 멍청히 있는 학생은 거의 찾아 볼 수가 없었다.

아이에게 시간을 주어서는 안 된다. 아이가 공부 때문에 어깨가 뻐근할 리는 없다. 그렇다손치더라도 회복은 빠르다. 어른과 같은 감각으로 휴식이 필요하다고 생각하는 것은 잘못됐다는 말이다.

"자, 어떻게 할까?" 하고 생각하는 시간이 많은 것은 그 사람에게 있어서 불행한 일이다.

뭔가를 하면서 다음 일을 생각하는 사람에게는 과감히 무엇이든지 해 낼 수 있다. 때문에 사랑하는 아이라면 이러한 습관을 몸에 익혀주길 바란다. 공부 이외에 집에서 잔심부름을 시키는 일도 이 때문이다.

이해력이 늦은 아이에게도 효과적인 공부 방법은 있다

산수 진도가 늦은 아들을 도와주기 위해서 어머니가 다투는 소리를 들은 적이 있다.

맞벌이 가정이므로 저녁 식사를 마친 8시 경부터 모자가 책상에 앉아 공부를 한다. 꾸짖어 보고 달래도 보지만 이해력이 나빠 좀처럼 진보가 없다. 그러다 밤은 깊어지고 둘은 책상에 엎드려 잠이 들고 만다.

귀가한 아버지는 기가 막혀 한숨을 쉰다. 수학이란 과목은 어느 단계에서 이해가 늦어지면 진도가 없다. 수업시간에 무슨 말인지 알 수 없게 된다. 때문에 어머니는 필사적이다. 그러나 그럴 때야말로 부모는 차분한 마음으로 인내해야 할 것이다.

나는 우선 그 아이의 이해가 멈춘 단계로 되돌아가서 공부를 다시 시작할 것을 권하고 싶다. 뒤떨어져도 일단 당연하게 받아들인다. 그래도 좋다. 사회에 진출했을 때 1년 혹은 2년 늦어지는 것이 어느 만큼의 차이가 있는가?

별다른 영향이 없다는 것을 부모는 잘 알고 있다. 머리 속에는 알고 있으면서 현실적으로 늦은 내 자녀를 보면, 눈앞에 것밖에 보이지 않기 때문에 초조해진다. 뒤따라 갈려면 다른 아이들보다 몇 배의 노력이 필요할 것이다. 그러나 이해가 늦은 아이에게 그것을 요구하는 것은 무리인 것이다.

나는 우리 학교 선생님들에게도 이렇게 말하고 있다.

"어려운 것을 가르치지 않아도 1차 시험 정도는 잘 소화해 낼 것이다. 여하튼 기초만은 분명하게 해라. 무턱대고 어려운 것을 가르치려고 하기 때문에 중요한 쉬운 것을 잊어버린다."

부모에게 자신감이 없으면 "느긋하게 하라"고 말하기 어렵다. 그러나 "어려운 것은 하지 않아도 좋다"고 가르치는 것도 훌륭한 교수법이다.

"100점을 맞아!"라고 꾸짖기만 하는 부모는 경멸 받는다. 그보다도 "먼저 보다는 10점이나 점수가 올랐네." 하고 평균점수 이하인 자녀의 성적을 칭찬해 주는 편이 자녀에게 있어서는 얼마나 큰 자극이 되는지를 알 필요가 있다. 일등을 할 수 없다는 것은 그 아이가 가장 잘 알고 있다.

그러나 자신의 노력을 지켜봐주는 부모가 있다는 것, 노력을 인정해 주는 사람이 있다는 것이 자랑스러운 것이다.

부디 용기를 가지고 '수준을 낮춘 교수법'을 채용하라. 자기 자녀에 맞는 템포를 파악하길 바란다.

부모는 학교 공부를 가르쳐서는 안 된다

"아이가 어려운 수학 문제를 풀고 있는 것을 도와주려고 하는데, 도저히 도와줄 수가 없어요."

이렇게 자신 없는 상담을 하는 어머니가 가끔 있다.

'연속하는 2개 정수의 평방근의 차는, 이 2개 정수의 합과 같다는 것을 증명하라.'

예컨대 위 문제는 중 3년생의 교과서에 나오는 문제이다. 이것을 거침없이 풀 수 있는 부모가 있다면 정말 멋진 일일 것이다. 그러나 풀 수 없는 것이 당연하다.

대수, 다항식의 곱셈, 인수분해, 평방근, 부등식……

아버지나 어머니도 한 번은 이러한 것들을 배웠을 것이다. 그러나 대부분의 어른들은 잊어버렸다. 그게 당연하다. 아이들보다 능력이 떨어졌기 때문이 아니다. 부모는 부모로서의 전문직에 종사하고 있다.

그러나 아이들은 공부라는 이름의 직종에 종사하고 있으므로 차이가 있는 것이 당연하다.

"고등학생의 공부는 가르쳐 줄 수 없을지라도 중학생 정도라면 어떻게 할 수 있을 것 같습니다. 가르쳐 주는 쪽이 나을까요?"

때로 이런 상담을 해오는 총명한 어머니도 있다. 내 대답은 분명 "노우"이다. 가르치지 않는 편이 낫다.

부모가 교사가 될 필요는 없다. 첫째로 그것을 해 버리면 자녀가 교사에 대한 불신이 강해진다. 한 가지 문제에 대하여 어머니 교사는 A라는 생각으로 가르친다. 그러나 아버지는 B란 방법이 좋다고 조언을 한다. 교사는 교사 나름대로의 교육과정에 따른 생각이 있었으므로 두 종류의 방법 때문에 혼란 받는 것은 학생 쪽이다. 어느 쪽을 믿어야 좋을지 모르게 된다. 이래서는 학교에 대한 신뢰감이 없어지고 만다.

그럼, 자녀에게 어떻게 하면 좋을까?

내 손자도 어려운 글자가 나오면 모르겠다고 자주 물어온다.

"사전을 가지고 오렴."

하고 나는 반드시 말한다.

"오호라. 승承이라는 한자는 받는다라는 뜻이군. 승낙한다는 말을 너도 자주 쓰지?"

열심히 가르치는 것은 그때 뿐이다. 그것을 몇 번 반복하게 되면, 자녀는 다음부터는 물으러 오지 않는다. 스스로 사전을 찾거나 공식을 찾거나 한다. 아무리 부모에게 물어도 사전을 찾게 되므로, 그렇다면 자기가 하는 것이 빠르다고 생각하게 된다. 부모가 그 장소에서 답을 내어서는 안 된다.

초등학교, 중학교 정도의 문제라면, 어떻게 할 수 있다는 부모는, 부모 자신의 실력은 늘지 모르지만, 그 때문에 자녀가 실력을 늘릴 기회를 빼앗고 있다는 것도 알길 바란다.

그러나 공부 방법은 적극적으로 조언해 주어야 한다.

앞에서 말한 것처럼 부모는 문제의 답을 가르쳐 줄 필요가 없다. 그러나 자녀에게 공부하는 법을 조언해 주는 것은 가능하다. 아니 오히려 적극적인 편이 좋다고 나는 생각하고 있다.

예컨대 대학 진학을 목표로 한 자녀가 같은 교과 내용의 참고서를 몇 권씩이나 사 온다. 그러나 그것을 어떻게 이용하면 좋을지 모른다. 여기를 폈다, 저기를 폈다 하며 전혀 진도가 없다.

"역사 참고서를 몇 권씩 샀지만, 쓰여 있는 것은 같은 내용이잖아? 그렇다면 가장 이해하기 쉬운 책 한 권만 읽는 것이 좋다. 내 동창생 중에 단 한 권의 책, 그것도 형에게서 물려받은 헌책으로 단번에 합격한 친구가 있단다. 그 녀석의 참고서는 여러 번 읽었으니깐 너덜너덜했어. 아버지도 네가 그렇게 철저했으면 좋겠다."
하고 아버지가 조언하는 것은 바람직한 방법이다.

"한자나 지명, 인물 이름, 영어 스펠링 등은 몇 번이라도 쓰면서 암기하는 편이 좋다."

부모는 결과를 가르쳐 주어서는 안 된다. 그러나 공부 방법을 어떻게 하면 좋을까에 대해서는 자주 조언해야 한다

광고지 뒷면을 사용해서라도 새까맣게 될 때까지 쓰면서 외우면 잊을려고 해도 잊혀지지 않는다.

"암기라고 하는 것은 머리만으로 외우는 것 외에도 방법이 있단다."

이러한 조언은 환영한다.

"그럴까?" 하고 자녀가 생각하면 된다. 여러 가지 방법이 있다는 것을 알기만 하면 되는 것이다.

그것이 부모에 대한 신뢰감과 연결된다.

부모가 학창시절에 성적이 나빴다면 우수했던 친구의 방법을 생각해 내고 그것을 끌어들여 이용해 본다.

자녀의 관점이 한 방향으로만 향해 있지 않은 것을 조금만 수정해 주고 다른 방향으로 눈을 뜨게 해 준다. 부모가 자녀의 공부에 조언해 주는 것은 기껏해야 이 정도가 아닐런지, 이 정도라면 함께 책상 앞에서 교과서를 펴놓지 않아도 가능하다. 식사중에 대화 정도로 이야기할 수 있다. 공부는 책상 앞에서가 아니면 안 되는 것이 아니다. 공부의 결과와 방법으로 나누어 생각하길 바란다.

부모는 결과를 가르쳐 줘서는 안 된다. 그러나 방법을 어떻게 하면 좋을까에 대해서는 자주 조언해야 한다.

부모는 지식 교사가 아니라 지혜의 교사가 되라

시험 문제를 푸는 힘은 있어도 '사는 법', 인간으로서의 기본 문제를 풀 수 없는 아이가 늘고 있다.

가령, '공중도덕을 지키자'고 하는 주제가 있다고 하자. 이를 위해서 어떻게 하면 좋을까 하는 문제에 대해서 활자로 된 것을 보고 머리 속에 넣고 교사로부터 그러한 질문을 받으면 줄줄 대답하는 아이는 있다.

그러나 한 발자국 밖으로 나가면 빈 깡통이 흩어지듯, 노인이 교차로에서 당황하듯 알지를 못한다. 머리 속에는 알고 있지만, 삶의 꿈에 익숙해 있지 않다.

나는 '사는 법'을 가르치는 교사가 없는 데 더 큰 원인이 있다고 생각한다.

아니 없는 것이 아니다. 있지만, 그 교사들은 문제를 푸는 것만이, 머리 속에 암기하는 것만이 살아가는 문제를 푸는 것이라고 착각하고 있다.

그 교사란 바로 부모들이다.

만원 전철 속에서 노인에게 자리를 양보하는 아이와 반대로 정신없이 참고서에 열중하고 있는 아이가 있다고 하자.

"공부를 열심히 하는구나. 저 아이는 출세한다."고 생각하는 어른도 있을지 모른다.

또 자리를 양보한 아이를 향해

"저렇게 어수룩해서는 출세할 수 없어."

하고 느끼는 사람도 있을 것이다.

그러나 그렇게 판단하고 싶지 않다. 얼마만큼 세상 사람들에게 도움이 되는 사람인가, 그 인간의 가치를 결정한다면, 나는 노인에게 자리를 양보한 아이 쪽을 평가하겠다.

'사는 법'을 교육 받았다고 생각되기 때문이다. 어느 집을 방문하면 가족 모두가 차례로 인사하러 나오게 하는 가정도 있다. 그 어린아이가 벌써 이렇게 컸나? 어색한 인사를 받으면 드디어 출입구가 열린다.

그러나 자녀를 손님 앞에 나가게 하지 않는 가정도 있다. 시험 공부에 쫓기고 있으므로 나오지 못하게 제한하는 것이다. 그만큼 우리 집의 아이는 열심히 공부하고 있다고 자랑으로 여기는 집마저 있는 듯싶다.

'사는 법'을 가르치는 훌륭한 교사가 있는 가정에는 바싹 긴장하고 있는 중에도 따뜻한 미소가 존재한다. 그러나 그런 교사가 없는 집은 왠지 모르게 살풍경하고 딱딱한 분위기가 엿보인다.

부모가 교사가 되어도 좋은 경우는, 자녀에게 살아가는 지혜를 가르쳐 줄 때 뿐이다. 예의범절을 올바르게 가르친다. 남을 향한 마음 씀씀이를 가르친다. 여러 가지 인간의 갖가지 사는 법을 가르친다.

삶에 대한 고통, 사랑의 고통, 우정에 대해서 진지한 태도
를 상담하여 준다든지 생각하여 준다는 것은 학교 교사로서
는 부모를 따를 수 없는 부분이다.

그러나 부모는 자신에게 그런 능력이 있다는 점을 모르고
있다. 꾸짖는 것도 교육이라고 한다면, 가장 진지하게, 가장
친절하게 꾸짖는 방법을 이미 알고 있는 사람은 부모라는 이
름의 교사이다.

지식의 교사는 많이 있다. 그러나 아이에게 필요한 것은
살아가는 지혜를 가르쳐 줄 교사가 더 훌륭하다.

엘리트라는 말을 자녀에게 오해시켜서는 안 된다

자주 우리 학교는 엘리트 양성학교라는 소리를 듣는다.

분명히 이 학교에서 사회에 도움이 되는, 지도적 입장이 될 수 있는 사람을 배출하면 좋겠다고 생각하지만, 어쩐지 내가 생각하는 엘리트와 매스컴에서 사용되는 엘리트라는 말의 뉘앙스가 다른 듯하다.

매스컴의 주장은 간단하다. 즉 성적이 좋은 사람만이 엘리트가 될 수 있는 조건이라고 단정하고 있다. 지식이 남보다 많으면 기억력이 좋고, 수학을 잘하고, 영어를 말할 수 있으면, 엘리트가 된다고 단순하게 믿어서는 안 된다.

진정한 엘리트란 충분한 지식만이 필요조건이 아니다. 거기에다 지혜가 필요하다. 지식과 지혜를 구분짓기 어려우므로 간단하게 설명하면, '지식은 외부를 아는 것. 지혜는 자신 내부를 향해 질문하는 것'이라는 말이 틀림없다.

현재 우리 나라의 교육은 자연과학을 존중한 나머지 지식 편중에 너무 치우쳐 바람직하지 못한 경우가 있다. 물론 그러한 방향도 필요하다. 그러나 그 때문에 지혜를 소중히 하는 기풍이 없어진 것도 사실이다. 물론 과학과 지식의 발달 덕택에 물질적인 풍요를 향유하고 있는 것 또한 사실이다.

그러나 마음이 충만한가, 그렇지 않은가는 누구나 의문을 갖는 점이다. 학교 안이나 시험 체제 내에서는 지식이 있는 아이가 강한 존재로 칭찬 받는다. 그러나 일단 사회에 나왔을 경우, 지혜가 없는 지식 인간은 박식한 방관자로 끝나는 경우가 적잖게 있다. 그래서 부모에게 부탁하고 싶은 것은 가정에서 지혜를 길러주는 일에 몰두해 주기를 간청한다.

수학 공식이나 생물 분류 등의 지식을 가르치는 것은 학교 교사가 담당한다. 그러나 사회를 보는 법, 인생관이란 지혜는 부모가 오랜 세월을 두고 가르치지 않으면 몸에 배는 것이 아니다.

자녀가 진정한 엘리트가 되기를 바란다면, 어려운 공식이나 단어를 알고 있는 것보다도 부지런히 노력하고 있는 자세를 칭찬해 주길 바란다. 시험은 지식을 익히는 방법이다. 지식만으로 무장한 아이가 사회에 나가서 엘리트로 여겨지는 것은 생각해 보면 두려운 일이다.

예전에 고교야구 지방 예선에서 유명 학교 응원단이 상대 팀을 향해 "탈락자"라고 야유하는 말을 들었다.

지식의 양이 많고 적음으로 상대보다 자신이 우위라고 자만하고 있다면, 결국 인생이란 경쟁에서의 낙오자는 이 아이들 쪽일 것이다.

합격은 새로운 배움의 출발선이다

　게시판에 자신의 수험번호가 발표되면 탄성을 지르며 "만세"를 외치는 학생, 가만히 주먹을 쥐고 치밀어 오르는 기쁨을 음미하는 학생, 혹은 "합격했다. 이겼다" 하고 연호하는 학생……

　매년 봄이 되면 전국 각지에서 볼 수 있는 합격자 발표 광경이다.

　그 만큼 기쁨을 느끼는 배후에는 본인 나름대로의 힘든 노력이 있었기 때문일 것이다. 탄성을 지르고 싶은 기분은 잘 안다. 그러나 잠깐 기다리라고 나는 그들에게 말하고 싶다.

　"자네들, 승패로 수험을 단정지어서는 안 되네."

　이 말은 수험생은 물론 부모들도 명심해 주길 바란다. 입학시험을 승부의 장소로 바꾸어 놓는 것만은 피했으면 한다. 승부라고 생각하면, 승리한 순간에 모든 것이 판결되어진다.

　본래 배움의 출발선에 서 있어야 할 합격자 발표 장소가 이제 공부하지 않아도 좋다는 식의 골라인으로 밖에 생각할 수 없게 된 것이다.

　이런 생각이 머리 속에 뿌리를 내리면, 다음에는 입사 시험이 승부의 장이 되고, 당면한 시험만 돌파하면 뭔가 인생을 해쳐 나갈 수 있다는 묘한 착각을 일으킬지 모른다.

　내가 평소에 학생들에게 말하는 것은 "합격은 어디까지나 인생의 이정표이다. 합격이 목적(골인점)은 아니다. 더 큰 인생의 목적을 달성하기 위한 수단을 얻은 것에 불과하다. 이 점을 혼동해서는 안 된다.”는 말이다.

“대학에 들어가면 놀 수 있다”고 생각하고 있는 고교생도 적잖게 있다. 또 그러한 말로 독려하는 교사나 부모도 있다. “나중에 얼마든지 놀 수 있고 즐길 수 있다.”라는 식으로 엉덩이를 다독거림은 말에게 당근을 주는 방법이다.

“대학에 들어가면 좋아하는 것을 할 수 있다. 그때까지 시험 공부에 집중하라”라는 말은 잘못된 것이 아니다. 그러나 좋아하는 것이 노는 것이 아니란 말이다.

지금까지는 자신의 선택을 위해 여지없이 공부만 계속해 왔지만, 대학에 들어가면 자신이 좋아하는 공부를 할 권리가 생겼다. 속박 받지 않고 공부할 수 있는 조건이 되었다는 말이다. 샐러리맨 사회에서도 마찬가지 일이다. 입사하면 모든 것이 OK라고는 할 수 없다.

그날부터 주어진 위치에서 창의성을 발휘하지 않으면 안 된다. 서글픈 것은 인간에게는 어떤 조건을 획득하면 놀거나 즐겨도 좋게 되어있지 않다는 점이다.

어떤 학생이 입시 시험장으로 향하는 다른 수험생을 향해 “떨어져라. 떨어져라”하고 소리 지르는 광경을 텔레비전에서 본 적이 있다.

이 아이들은 떨어지고 붙는 것만을 가치로 판단하여 세상을 살아가고 있다고 생각하고 있는 것이다. 그러나 좌절은 반드시 온다.

그렇다면 시험의 성패란 무엇인가를 자녀에게 바르게 가르치는 것이 현명하지 않은가?

체격에도 크고 작음이 있듯이 공부 잘 하는 아이와 못 하는 아이가 있는 것은 당연한 일이다

성적이 나쁜 자녀를 둔 부모 쪽에서 보면, 잘하는 자녀의 존재는 왠지 부럽기 그지없다. 그래서 능력이란 본디 똑같은데 그렇게 차이가 나는 것은 학교에 격차가 있기 때문이라든가 수업 방법이 잘못됐다고 생각한다.

더욱이 "잘하는 아이는 못하는 아이에게 맞추어서 모두 일률적으로 교육해야 한다. 그것이 진정한 민주주의 교육이다"라고 발언하는 사람도 있다.

그러한 일률주의나 격차 반대를 주장하는 사람들은 능력이 낮은 사람은 쓸모없다는 콤플렉스를 가졌거나 손해를 봐서는 안 된다는 강박 관념에서 그렇게 주장한다고 믿어진다.

그러나 그 생각은 잘못이다. 학교에서의 격차를 없애거나 시험 성적에 차이를 두지 말자는 생각은 얼핏 민주주의적으로 보일지 모르지만, 그렇지 않다.

키의 크기에 차이가 있다고 해서 우리는 불평등하다고 생각하지 않는다. 크면 큰 대로 장점이 있다면 한편 단점도 있다. 작은 사람도 마찬가지이다. 그와같이 개인의 두뇌 능력에 관해서도 말할 수 있지 않겠는가.

아무리 노력을 해도 인간에게는 한계가 있다. 신장이 크고 작음과 같이 두뇌의 능력에도 차이가 있는 것이 당연하다. 그것을 경멸할 이유는 전혀 없다. 학생들의 수준을 일정하게 하려는 생각은 대단히 환영 받을 일이다.

그러나 체격이 큰 학생을 억지로 작은 학생에 맞추려고 하
면 무리가 발생하기 마련이다. 반대인 경우도 마찬가지이다.

자기 자녀가 혹 머리가 좋다고 하더라고 으시댈 필요는 없
다. 체격이 좋은 아이라면, 체력이란 장점을 살리는 쪽으로
나가는 것이 행복할지도 모른다는 식으로 생각하길 바란다.

학교 성적이 나쁜 아이라면 비관하기 전에 그 아이에게 반
드시 있기 마련인 다른 재능을 발견하도록 노력하길 바란다.
공부가 아니더라도 자랑거리가 반드시 있다. 감히 고등학교
교장이…… 하고 웃지 말길 바란다.

사실 나는 프로레슬링 팬이다. 시간이 나면 손자와 TV 앞
에서 앉아 열심히 관전한다.

프로레슬링 세계에는 라이트 헤비급, 슈퍼 헤비급 등 여러
가지 체급이 있어서 각각 챔피언이 있다. 체격이 작아도 선
수의 노력에 따라서 영광의 길이 열린다.

민주주의란 결코 인간이 자신을 희생하면서까지 한 가지에
맞추는 것이 아니다. 그러한 것은 오히려 획일주의, 전체주
의 발상이다.

개개인이 각자에게 맞는 것을 가질 수 있는 선택할 수 있
는 사회가 되어야 한다.

학교 성적이 좋은 아이가 반드시 행복해진다는 보장은 없
다. 능력에 한계가 있는 아이에게 채찍을 가해 아이를 점점
불행하게 하지 말고 다른 길을 찾아보는 것도 부모가 해야
할 의무이다.

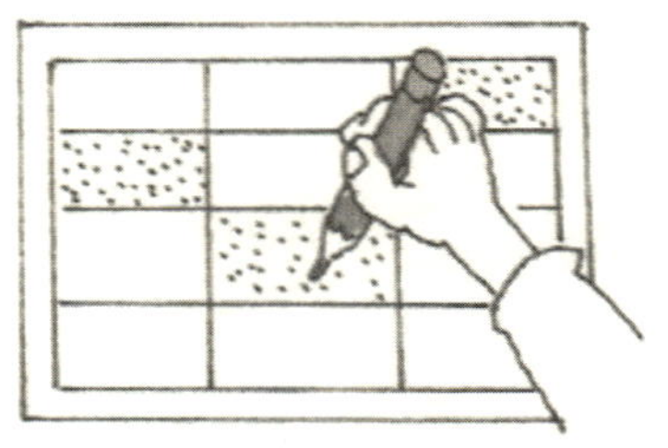

'창조력' '독창성'을 주장하기 전에 먼저 착실하게 기초 공부를 해야 한다

'창조력' '독창성'이란 말은 참으로 매력적이다. 다른 동물에게는 없다. 인간에게만 주어진 능력이란 것은 말할 필요도 없다.

그렇다면 어째서 그런 능력을 모두 발휘하게 하는 교육을 할 수 없는 것일까?

'시험지 테스트만의 시험 체제에서는 창조력, 독창성을 테스트 할 수 없다'는 소리를 자주 듣는다. 그럴 때 나는 다음과 같이 대답을 한다.

"물론 시험으로 그 사람의 창조력 등을 테스트하는 것은 어려운 일이다. 게다가 기초가 되어 있지 않은 젊은이들에게 진정한 창조력이 있다고도 생각하지 않는다. 창조력, 독창성은 어떤 훈련이나 지식이 필요하지 않은 타고난 성격과는 다르다. 쌓은 지식, 잘 소화시킨 지식이 있어야 싹이 트는 것이다."

세계적인 수학자이며 교육에 깊은 관심을 가진 어느 교수와 몇 번인가 만날 기회가 있었는데, 그 때마다 인상 깊은 이야기를 들었다.

어느 날 그 교수는 이렇게 말했다.

"수학의 경우에도 새로운 아이디어가 떠올랐을 때 그것을 살려서 형상화하는 데는 오랫동안의 기본 기술로 얻은 체득이 전제조건이 된다.”

나는 40년 가까이 국어 교사를 하고 있지만, 내가 보건데 우리 학교 학생들은 수학 과목을 가장 재미있어 하는 것 같다. 고등학교 정도의 수학은 단순 명쾌하여서 순식간에 후딱 해치우기도 한다. 남학생들에게는 그것이 생리적으로 기분이 좋은 것이다.

그러나 이 때까지 일반적인 수학 과목은 주어진 문제를 푸는 교과 내용이었다. 창조적인 수업과는 좀 다르다는 생각이 든다. 진정한 창조적인 교육이라면 반대로 문제를 만들어 내야 한다.

그렇지만 고등학교까지는 스스로 문제를 만들어 낼 필요는 없다. 그것이 가능할 정도의 기술이나 지식이 아직은 불충분하기 때문이다.

그 교수는 기초기술, 기초지식을 충분히 익히면 익힐수록 새로운 각도에서 보는 눈을 갖게 되고, 새로운 것을 발견하게 된다고 말하고 있다.

시험지로 창조력을 시험칠 수 없는 것도 당연하다. 그러나 지식 정도를 저울질하는 것은 필요하다. 그것이 대학에 들어간 후, 사회에 진출한 후에 진정으로 도움을 주고 창조력의 디딤돌이 되기 때문이다.

중요한 것은 진실한 교사, 충실한 생활이다. 부모는 자녀가 참된
능력과 바른 교사를 발견하는 보조 역할만 하면 된다

"지금 너희들이 공부하고 있는 것은 학문이 아니다. 앞으
로 진짜 학문을 하기 위한 기초를 배우고 있는 것에 지나
지 않는다."
내가 항상 학생들에게 하고 있는 말이다.
진정한 학문이란 창조력, 독창성이 핵심이라는 것은 말할
필요도 없다.

"인생은 덧없다."는 생각을 갖게 하여서는 안 된다

얼마 전에 「교육」이라는 잡지를 읽은 적이 있다. 그 속에는 '의욕에의 도전'이란 주제의 특집이 실려 있었다.

내용은 현재 고등학교에 만연하고 있는 '3무주의'에 관한 이야기였다. 주제는 학교 내에 무기력한 기운이 흐른다는 것이다.

'무엇을 해도 재미가 없고, 무엇을 해야 좋을까? 나는 무엇일까?'

아무튼 '의욕'이란 말과는 반대인 것들로 가득 차 있다는 것이다. 아무래도 인생은 보람이 없는 삶이란 생각이 지배되고 있는 것 같다. 대체 어째서 그런 생각을 하는 것일까?

나처럼 70년이나 살다 보면, '인생은 덧없는 것'이라고 투덜거려도 여러분은 긍정해 줄지 모르겠다. 그러나 되돌릴 수 없는 긴 삶을 살지도 않은, 그리고 앞으로의 인생을 예측하는 기술도 없는 젊은이들이 그렇게 투덜대어서는 곤란하다. 그들은 실제 사회를 모른다.

설령 서울대학 지망생이라 할지라도 그 대학이 어떤 학교인지, 거기서 자신이 어떠한 학창 시절을 보내게 될 것인지는 거의 모를 것이다.

또한 일류기업을 지망했을 때 그 공동체의 생활이 어떻게 될지는 아무도 모른다. 그런데 알고 있는 것처럼 '덧없다.'를 연발하고 있다는 것이다.

"왜 공부하지 않으면 안 되는가?"를 부모는 자녀에게 가르치지 않으면 안 된다. 감독하는 것도 가르치는 일이다.

아무쪼록 인생은 덧없는 것이 아니고 노력 여하에 따라 행복해질 수 있다는 생각을 초등 학생 때부터 자녀에게 들려주길 바란다. 그것이 공부를 하는 이유이다.

인생이 덧없는 것이라면 자녀에게는 공부할 이유가 전혀 없게 된다. 덧없다고 느끼는 아이가 적극적으로 공부할 의욕이 생길 리가 없다. 사실은 아무도 덧없다고 생각하지 않고 있을지도 모른다. 인간이란 왕왕 자신의 게으름을 위장하기 위하여 '덧없다'는 말을 사용하기도 한다.

꿈이 없는 아이보다는 있는 아이, 희망이 분명하지 않은 아이보다는 분명한 아이가 공부하는데 열중하는 것은 당연하다. 덧없다는 아이에게는 장래의 행복한 생활 이미지가 그려져 있지 않다.

부디 자녀의 입에서 '덧없다'는 말이 나오지 않도록 하여 주길 당부하고 싶다. 그러기 위해서는 부모의 모습이 자녀의 눈으로 봐서 생기있고 보람 있는 것으로 여겨지지 않으면 안 된다. 즉 부모 자신이 '덧없다'고 투덜대어서는 안 된다는 말이다.

어머니는 자녀와의 사이에 '안전거리'를 유지하라

　자녀를 꼼짝 못하게 하는 것이 자녀의 행복과 연관되지 않는다면 대체 진정한 보호란 어떠한 것일까?

　예컨대 자연환경 보호운동이 활발하여 산새나 물고기를 잡지 못하도록 하며, 혹은 그 지역에 들어가는 것을 금지시키는 곳도 늘고 있다. 부모와 자녀와의 관계도 그와 마찬가지로 표현할 수 있지 않을까?

　튼튼한 울타리를 만들어서 그 속에 아이를 가두고 자신은 밖에서 바라보고 있다. 인간 끼리는 그렇게 할 수 없다. 부모와 자녀는 같은 곳에서 어울려 살지 않으면 안 된다.

　내 아이를 진정으로 보호하는 자세는 일정한 거리를 두고 지켜보는 일이다. 눈을 떼어서는 안 된다. 또 자녀가 뒷통수에 날카로운 부모의 시선을 느껴서도 안 된다. 나는 자주 "안전거리를 유지하라."고 어머니들에게 말한다.

　자동차를 운전하려면 앞 차와의 사이에 적당한 거리가 필요하다. 너무 가까우면 추돌할 위험성이 있고, 너무 떨어지면 앞 차를 놓칠 우려가 있다.

　어린아이가 아장아장 걷기 시작할 때는 몇 발자국 못 가서 넘어지고 만다. 그러나 즉시 일으켜 주지 않는 어머니가 있다. 아이가 스스로 일어나는 것을 가만히 지켜보고 있을 뿐이다. 이것이 안전거리를 유지하는 지혜이다. 하지만 아이

뒤에서 트럭이 달려 오고 있다면, 즉시 아이를 안아들어야
한다.

이렇게 적당한 거리에서 아이를 보아야 한다.

유년기의 아이에게 취한 다소 냉담한 태도가 자연스런 마
음가짐이 부모와 자식간의 '안전거리'라고 생각한다. 그것을
자녀의 성장에 맞추어 유지해 나가면 되는 것이다. 자녀를
보호하는 것은 부모의 뜨거운 사랑이고, 자녀의 자주성을 길
러주는 것은 차갑게 보이는 부모의 냉정한 지혜이다.

진정으로 자녀를 보호하기 위해서는 인격을 가진 한 인간
으로서 대하지 않으면 안 된다. 과보호하는 부모나 방임주의
의 부모에게는 자녀의 인격이 보이지 않는다.

거리로 말하자면 당장이라도 부딪칠 듯이 혹은 이미 찾으
려 해도 찾을 수 없으리 만큼 멀리 떨어져 있는 상황과 같
다.

안전거리라 함은 어떤 의미에서는 부모와 자식간에 있는
필요한 개울이라고도 말할 수 있을 것이다.

그러나 그것을 메워 버리려고 해서는 안 된다. 메우는 것
이 애정이라고 착각해서도 안 된다. 그 개울은 넘어가려고
하면 언제라도 뛰어넘을 수 있고 손을 뻗으면 곧 닿을 수 있
는 정도의 개울이다.

애정은 유사시에 발휘하면 된다.

"아이가 나를 냉정한 엄마라고 생각하지 않을까?"

이렇게 생각한다면, 그것으로 좋다. 그 정도의 냉정함을 유지하는 것이 안전거리다.

수험기간이라고는 하지만 아이의 성장기에 지나지 않는다

'4당5락(四螳五落)'이란 말이 유행했던 것을 기억하는 사람도 많을 것이다.

시험 공부의 치열함을 나타낸 말이다. 그 의미는 하루에 4시간만 자고 공부하면 합격하고 5시간 자면 떨어진다는 말이다.

머리띠를 졸라 매고 두 눈을 부릅뜨고 책상 앞에 앉아 있는 수험생, 그 자녀의 공부에 방해가 되지 않으려고 가족은 집안에서 걸어다니는 것도 살금살금, 말소리도 낮추어 소근소근 이야기한다. 그런 만화같은 광경은 그 배후를 연상할 수 있을 것이다.

시험삼아 대학 진학을 위한 입시학원에 갈 일이 있으면 그 모습을 한 번 보라. 친구와 생글생글 웃으며 거북함없이 이야기하고 패션도 적당히 유행을 받아들이고, 그 중에는 여자친구를 따라 강의실로 들어서는 예비교생까지 있다. 한순간 어느 대학 캠퍼스 안에 있다는 착각에 사로잡힌다.

모 유명한 학원에서는 수업이 재미있을 때는 종료와 동시에 박수가 터져 나오고 재미가 없을 때는 발을 쾅쾅 구른다고 들었다. 절박한 상황의 학원 수업에도 '재미'를 요구한다니까 오늘날의 수험생은 실로 어리벙벙하다.

그러나 표면상으로만 그렇지 실제는 다르지 않다고 생각한다. 오히려 밝게 보이는 아이들 중에는 부모나 주위 사람들에게 불안함을 보이지 않으려고 일부러 그러는 자도 많을 것이다. '시험'이라는 말은 역시 그들에게 무거운 짐의 대명사이다.

그러나 수험기는 비상사태도 긴급사태도 아니다. 오늘날에는 아이들의 성장 과정에 반드시 찾아오는 누구나 한 번, 아니면 두 번, 세 번 체험해야 할 인생의 관문인 것이다.

그러므로 특별한 시기가 아니라 자연스런 시간의 흐름에 따라 반드시 통과해야 할 시기인 것이라고 생각을 바꿀 필요가 있다.

중 2 또는 고 2까지는 가족과 평등한 생활 수준이었는데, 다음 1년간은 갑자기 자녀 우선으로 바뀐다. 그런 변화가 부드럽게 이루어질 수 없다.

수험기의 자녀를 가진 부모가 취할 가장 이상적인 태도는 어디까지나 자녀 성장기 중에 한 시기로 받아들이는 것이다. 불규칙한 응석은 받아줘서는 안 된다.

명문대학 합격이라는 영광이 가족들이 겪는 어둡고 침울했던 1년을 되돌려 주지 않는다. 자녀 때문에 희생된 세월이 되살아나지 않는다는 것을 염두에 두기 바란다.

수험생이라고 보기보다는 어디까지나 '내 자녀'라고 생각하라

저명한 사립학교에서는 전교생 기숙사 제도를 채용하고 있는 곳도 있다. 그러나 대다수의 경우에는 그렇지 않다.

중학교·고등학교인 경우는 거의 모두가 집에서 통학하는 것이 염려되지 않지만, 대학생이 되면 지방에서의 지원자가 많아 하숙을 한다든지 방을 빌려 자취를 하며 통학하는 학생도 적지 않다.

아무리 하여도 감독이 미치지 못하는 부분이 있어서 곤란한 점도 있지만, 열악한 환경도 어느 정도 각오하고 진학한 학생뿐이므로 그다지 문제될 것은 없다.

어느 전교생 기숙사 제도를 운영하고 있는 사립고등학교 교장이 쓴 이야기가 생각난다. 그 교장선생은 학부형회에서 이렇게 이야기했다고 한다.

"기숙사에 전화하는 것은 괜찮습니다. 그러나 어떤 부모님은 자녀에게 성적이 어떠냐는 말부터 시작합니다. 그러지 말고 건강이나 생활상의 문제서부터 묻길 바랍니다. 이것은 학생들의 요구사항이기도 합니다……."

오랜만에 자녀에게 전화를 한다. 어느 부모나 멀리 가족으로부터 떨어져서 생활하는 내 자녀가 걱정이 된다. 식사는 제대로 하고 있는 지, 나쁜 친구를 사귀지 않았는 지, 선생님과 상담할 수 없는 고민거리는 없는 지, 가족이 그립지나

부모가 걱정해야 할 일은 성적이 아니라 성장기에 살아가는 자녀
의 일상생활이고 인간적인 측면을 살펴보아야 한다

않은 지, 그러한 걱정을 하면서도 첫 대화는 예외가 아니다.

"성적은 어때?"

"아냐, 사실은 성적 따위는 아무래도 좋다. 네가 무사히
있는지가 걱정된다."

는 말로 마무리지어도 자녀는 그렇게 받아들이지 않을 것이
라는 생각이 든다.

"공부만 잘 하고 있으면, 그 외는 네 문제이니까 아무래도
상관 없다."

부모는 자식을 정말로 사랑하는 것일까, 아니면 인간으로
서 인정해 주는 것일까 하고 나쁜 쪽으로 생각하게 된다.

공부만큼은 자녀들에게 있어 어느 시대이건 성가신 대상이
다. 그러나 그렇게 걱정해 주는 것이 진정한 부모라고 하는
안도감도 함께 가지고 있다.

그렇지 않으면 성적에만 구애되는 부모에게 불만을 터뜨릴
이유가 없다.

수험기에는 특히 다음과 같은 사항을 깊이 의식해 주길 바
란다. 즉 부모에게 있어서 자녀는 학생이 아니라, 어디까지
나 내 자녀라는 점이다.

뻔한 이야기를 하지 말라고 나무라는 것 같은데, 바로 이
점이다. 우선 걱정해야 할 것은 성적이 아니라 성장기에 살

아가는 자녀의 일상생활이고 인간적인 측면이어야 한다는 것
이다.

학교 성적이나 모의고사 성적이 좋아야 친자 관계가 잘 성
립된다는 법은 없다. 거기에 구애되면 자식과 부모 사이가
어색해지는 것이 보통이다.

물론 성적에 무관심해도 좋다는 말은 아니다. 단지 걱정해
야 할 순서나 비중을 성적보다는 생활 쪽에 두라는 말이다.

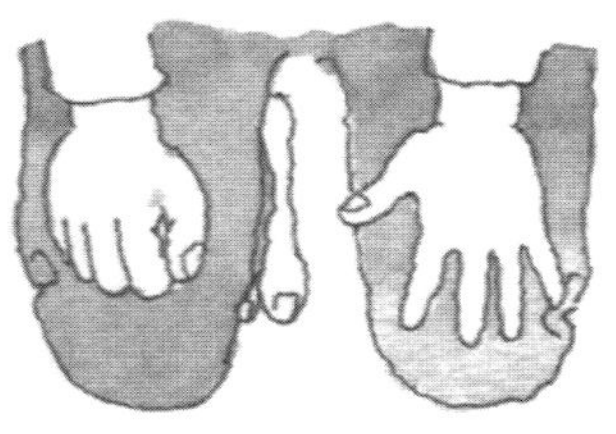

'수험 공부 때문에 인간성을 상실한다'고 생각하는 것은 잘못이다

　지나친 주입식 위주인 수험 체제에서는 학생들의 마음이 쉽게 일그러진다.

　지나친 입시 위주의 학교 교육에 인간성이 상실된다는 의견을 갖고 있는 사람이 많은 것 같다. 우리 학교도 그 좋은 예로 매스컴에 오른다.

　그러나 세상 사람들이 상상하는 것처럼 바둥거리는 분위기는 없다고 생각한다. 학생 전원의 눈이 초롱초롱해서도 아니고 비실거려 창백한 아이들만 있어서도 아니다.

　우리 학교에는 운동장이 두 개, 체육관, 도서관 등 각종 문화시설이 구비되어 있다.

　스포츠 활동에 이어 문화 활동도 활발하다. 수험의 명문이라는 선입관이 있기 때문인지 학교 안을 군대처럼 통제하고 있다고 착각을 하는 사람도 있는 것 같지만, 복도를 쿵쾅거리며 달리는 학생들의 발소리나 떠드는 소리, 음악실에서 들려오는 경음악 소리에 다른 학교와 다름이 없음을 알고 안심하고 돌아가는 학부모가 많다.

　옛부터 어떤 일을 성취한 사람이 학문을 등한시한 적은 없지 않은가? 설령 교육을 받지 않았어도 훌륭한 사람은 나름대로 공부를 하고 혼자서 학문을 익혔다고 생각한다. 그러한 사람들의 마음이 비뚤어졌는가?

'수험지옥'이라는 말이 없었던 시절에도 학생들은 영어 단어를 외우고 고전을 읽었다. 참고서 종류가 늘고 입시 학원도 다양하게 늘어난 현실에서 그 양상은 달라졌겠지만, 배움이라는 본질은 조금도 변하지 않았다.

'학문'이란 뜻은 주입식 교육을 해야 한다고 착각하는 사람이 많은 모양인데, 사실은 인간 수양이 주된 목표가 되지 않으면 안 된다.

또한 수험 공부도 그 학문을 위한 하나의 과정이라고 나는 생각한다. 플러스가 될지언정 마이너스가 되지는 않는다고 믿고 있다.

진정한 공부와 시험 공부 두 가지를 잘 분리해야 한다고 생각을 하고 있는 사람은 혹시 없는 지, 배움에는 이중성이 있을 수 없으며 이중성 공부는 의미가 없다.

수험 공부가 고통스러워 참을 수 없는 학생은 수험 체제에 문제가 있는 것이 아니라, 오히려 그러한 이중성에 매달리기 때문이다.

평소에 공부한 것을 정리하기만 하면 되는 것이지, 결코 두 종류의 수업이 병행되고 있는 것은 아니다. 좀 더 사물을 단순하게 생각하여 보면 어떨런지.

복잡하게 생각하면 할수록 마음은 비뚤어져갈 뿐이다.

그렇다고 수험 입시 명문고라는 우리 학교가 마음이 비뚤어진 학생들 뿐이라고 생각할 수 없지 않은가.

인간 수양을 목적으로 해야 할 학문이 학생의 마음을 비뚤어지게 한다는 것은 말이 안 된다. 문제는 대응하는 방법, 생각하는 방법에 오해가 있는 것이다.

수험 공부를 '요령'이라고 판단해서는 안 된다

"수험 공부 요령을 가르쳐 주세요. 우리 아이는 부지런히 노력은 하는데, 요령이 나빠서 안 되는 경우가 많아요. 노력한 만큼 성적이 오르지 않아요……."

어머니들이 이런 괴로움을 호소해 오는 경우가 많다. '요령'이란 단어를 사전에서 찾아보니까, 「사물처리 방법의 능숙함」이라고 쓰여 있었다.

정말 그렇다. 「사물처리 방법의 능숙함」은 공부나 수험에서는 빼놓을 수 없다. 그러나 그것이 가장 중요한 것인가 아닌가 하는 것은 조금 의문스럽다.

항간에 "군대는 요령이다."라는 말이 있다.

여러 가지 모순이 있어도 하나하나에 반발하지 않고, 진지하게 생각하지 않고, 가능한한 대과없이 지내서 큰 흐름에 합류한다. 자신을 두드러지게 나타내지 않는다. 힘든 군대 생활을 견뎌내려면 그런 생각이이야말로 살아가는 지혜라고 했다. 그러나 "요령이 좋다."라는 말의 반응에는 좀 꺼림직함을 느끼는 것이 일반적이다. 한편 "똑똑하다." "모양이 좋다." "재치가 있다……."는 뜻도 아울러 가지고 있다.

문제는 수험과 요령이다.

요령은 기술이라고 바꾸어 말해도 좋다고 생각한다. 예컨대 주어진 수학 문제를 지정된 시간 내에서 60점 밖에 못 받은 학생이 있다고 하자. 그 아이는 시간 제한이 없다면 하루 혹은 2~3일 동안 계속 매달려 100점을 맞을지도 모르겠다. 분명히 꾸준하게 사물의 본질에 대응하는 자세는 평가해야 한다.

그러나 똑같이 주어진 시간 내에 하는 사물 처리 능력은 없다고 말하지 않을 수 없다.

수험 공부에는 이 두 가지 능력이 필요하다.

'요령'만도 아니고 '생각'만도 아니다. 그러나 현대교육에서는 너무 '처리 능력'만을 추구하는 듯하여 한쪽이 임시변통 취급을 받는다.

초등학생 때부터 '사물 처리가 능숙한 아이'로만 키워지는 것은 어찌된 일인가?

입학시험에 필요한 '정해진 시간 내에 정신을 집중시켜 힘을 합리적으로 사용하는' 요령은 수험 전의 반년, 혹은 1년 정도에서 의식적으로 익힐 수 있는 방법이다. '공부=요령' 더 나아가서 '인생=요령'이라고 생각하여서는 큰일이다.

인간은 24시간 긴장하며 일생을 보내는 것은 아니다. 자신이 가지고 있는 에너지를 얼마나 유효하게 사용하여 유익하게 할 것인가. ㅡ인생에서 참으로 요구되는 요령이란, 그때그때의 임시 방편은 아니라는 것을 명심하기 바란다.

왜 대학에 가야 하는 것인지 부모의 입장에서 다시 한 번 이야기해 보자

우리 나라 만큼 교육 수준이 높은 나라도 없다고 생각한다. 아마 대학 진학을 목표로 한 수험생은 다른 나라 같은 세대의 학생들에 비해 훨씬 높다.

도대체 무엇 때문에 대학에 진학하려고 하는 것인가? 어떻게 해서 대학에 들어가는 것인가? 이에 대해 모두가 확고한 신념을 가지고 있지는 못하다.

보다 높은 교양을, 학문을 익히면 지성인의 변모를, 학력을 얻으면 취직에 유리하게 되고 즐거운 인생을 보낼 수 있을지도 모른다……고 어렴풋이 생각하고 있는 정도인 것이다. 그러나 대학을 나왔다는 것이 행복을 얻는데 유리한 조건을 잡았다는 생각은 어떤 것일까?

예컨대 서울대학을 나왔다고 해서 졸업자 전원이 행복할까. 과연 즐겁게 살고 있을까?

반대로 다음과 같은 생각은 할 수 없는 것일까?

서울대학 졸업자에게는 사회에서 지도자가 되는 길이 타 대학 졸업자에게보다는 많이 열려 있다고 한다. 그러나 지식의 양만 많고 지혜를 기르는 데 게을리한 자는 지도자가 될 수 있는 사람이 아니라고 생각된다.

오히려 그들은 서울대학을 나왔기 때문에 괴로운 인생을 준비하고 있다고 말할 수도 있다. 괴롭기 때문에 투지를 불

태워서 보람을 찾으려는 사람도 있다. 그러나 고난을 대하는 자세가 약한 사람쪽이 훨씬 많다는 것이 보편적인 견해이다. 그래서 생각해 본다.

만일 그들이 다른 길을 걸었으면 보다 자기의 능력을 꽃 피워 거침없이 활기찬 인생을 보냈을지도 모르겠다는 생각도 할 수 있지 않겠는가.

인생길에는 여러 갈래가 있다는 것을 알기 바란다. 샐러리 맨은 샐러리맨의 가치 기준으로 세상을 판단하려고 한다. 우리 교육자는 학교 안에서 세상을 보고 있다. 좀 더 다양한 시각을 가지고 보길 바란다. 어부나 막노동자가 어떤 생활을 하며, 어떤 인생관을 가지고, 어떤 보람을 찾고 있는지 흥미를 갖기 바란다.

사람이 사는 방법에는 여러 가지가 있고, 그러한 것들이 세상을 성립시키기 위해 필요한 것임을 자녀에게 생각해 볼 기회를 만들어 주길 바란다. 그리고 그 중에는 대학에서 학문을 익히지 않으면 안 되는 것도 있다는 내용을 끈기있게 가르쳐 주길 바란다.

대학을 나오지 않은 것보다 졸업한 쪽이 보다 가능성이 많다. 급료도 다르다는 것을 알려준다. 그러나 어떤 자녀에게는 반대로 선택의 길이 한정되어 있는 경우도 있다.

예컨대 프로야구 선수는 고졸인 쪽이 장기적 안목으로 보
면 그 수가 줄어들고 있다.

한 인간에게 있어서의 행복은 타인의 행복과는 다르다는
것이 자연스러운 현상이다.

대학에 들어가서 득이 되는 학생이 있는가 하면 마이너스
가 되는 학생도 있다. 좁은 문은 불행의 길로 통하지 않는다
고 단정지을 수 없다.

수험 공부는 유아 때부터 해야 한다

‘수험 공부는 유아 때부터 시작해야 한다.’ 이렇게 쓰면 과연 진학률이 높은 고교의 교장답게 대단하다고 감탄하는 분도 있을지 모르겠다. 한편 어리석은 생각이라고 화를 낼 분도 있을 것이다. 내 이야기를 그대로 받아들이지 말라.

내가 말한 ‘수험 공부’란 유아를 위해 영어 교실에 다닌다든가, 수학 교실에 다닌다든가, 유명 유치원에 들어가기 위한 예비학교에 다닌다든가 하는 말이 아니다.

사실인즉 간단한 것이다. 요컨대 ‘예의범절’이다. 아이들의 예의범절은 1,2세부터 시작하지 않으면 안 되기 때문이다. 공부하는 습관을 익히는 것은 이 시기에는 불가능하다. 그러나 예의범절은 가능하다.

정리 정돈하기, 다른 사람에게 의지하지 않기……. 어느 것도 특별한 예의범절은 아니다. 당연한 것을 당연히 하게 하면 되는 것이다. 그것이 몸에 밴 아이와 그렇지 않은 아이는 성장한 후 수험이라는 무대에서 차이가 나게 마련이다.

한 예를 들어보자. A와 B라는 학생이 있다.

A는 진학 학원에서 단련되어 우리 학교에 진학한 학생이다. 가르쳐 주는 것은 고분고분 배우지만 스스로 적극적으로 책을 읽지 않는 형이다. 주어진 일도 마지못해 한다.

한편 B도 학원에 다니고 있는 같지만 스스로 연구하고 공

예의범절이 바른 아이는 곤경에 처해서도 크게 흔들리는 일이 없다. 참고 견디어 낸다. 그러는 동안 스스로 분발한다

부하는 형이다. 그래서 남이 싫어하는 일도 적극적으로 한다. 게다가 누구에게나 한 번은 반드시 슬럼프가 온다.

그럴 때 확실하게 후퇴하는 것은 A쪽이다. 한 번 떨어지기 시작하면 걷잡을 수가 없다. 떨어지고 나면 좀처럼 다시 일어나지 못한다.

B도 떨어진다. 그렇지만 어느 단계에서 멈춘다. 예의범절이란, 결국은 자신을 제어하고 인내하는 것을 몸에 배도록 하는 힘이라고 생각한다. 그러기 때문에 예의범절이 바른 아이는 곤경에 처해서도 크게 흔들리는 일이 없다. 참고 견디어 낸다. 그러는 동안 스스로 분발할 수도 있다.

수험 공부에 예의범절이 포함된다고 말한 것은 그런 이유 때문이다. 단, 예의범절이 바른 학생은 반드시 성적이 좋아진다고 보증할 수는 없다.

아무리 예의범절이 바르고 행실에 빈틈이 없어도 공부를 하지 않으면 성적이 오르지 않기 때문이다. 물론 어릴 때부터 수험을 염두에 두고 예의범절에 힘쓰라고 해서는 안 된다. 단지 당연한 것을 당연하게 가르치려는 뜻은 좋은 일이다. 그 성과가 후에 인생의 여러 면에서 나타나는 것이다. 수험의 승패는 벼락치기 공부로 좌우되지 않는다는 것을 알아주었으면 한다.

왜 대학 진학률이 높은 학교가 존재하는가?

나는 모든 학생이 대학에 갈 필요는 없다고 믿고 주장한다. 그러나 그런 내가 학생 전원이 대학을 목표로 하고 있는 학교의 교장을 맡고 있다.

당신의 말과 실제와는 전혀 다르다고 화를 내겠지만, 나는 모순이라고는 생각하지 않는다. 분명히 우리 학교에는 머리가 좋은 학생들이 들어온다(머리가 좋다 나쁘다 하는 말에는 오해가 있을 것 같다. 간혹, 키가 크고 작음같이 두뇌 활동이 우수하다는 의미밖에 없지만, 머리의 우수함과 인간적인 우수함이 같다는 말은 아니다. 그 점에 오해가 없기를 바란다).

사회에는 많은 사람들을 지도해 나갈 특별한 사람이 필요하다. 때문에 지식이나 판단력이 우수한 사람을 요구한다. 나는 우리 학교에 들어오는 학생은 그러한 사람이 될 소질이 많다고 믿고 있다.

그러므로 사회에 진출하면 우수한 역할을 완수하도록 대학에 진학하게 하여 자신을 단련시키길 바라고 있다.

예컨대 훌륭한 요리사가 되려면 고통스런 고용살이나 밑바닥 생활이 빠질 수 없다는 조건과 같다.

이처럼 훌륭한 리더가 되려는 소질이 있는 학생들이 모이는 곳이 우리 학교라고 자신하고 있다. 일종의 입시전문학교라 할 수 있다. 그리고 이런 학교는 우리 나라의 각지에 많이 있어도 좋다고 생각한다.

간혹 공부를 잘하는 아이들을 잘못하는 아이들과 평준화시키려고 하는 주장은 우수한 학생을를 후퇴시키는 것이 아닌가 생각한다.

스포츠 감각이 있는 아이가 있는가 하면, 동물을 좋아하는 아이가 있다. 그와 마찬가지로 성적이 좋은 아이는 그 나름대로 능력을 살려나가는 것이 바람직하지 않을까? 역설적으로 머리 좋은 아이가 부럽다고 생각하기 전에 머리가 좋아서 불행하다고 생각할 수 있는 면도 있다.

입학하기조차 어려웠던 학교를 나와 거대한 사회로 진출하여 책임이 있는 자리에 오른다. 그러나 출세하면 할수록 큰 책임도 뒤따르며, 사장이라도 되면 매일 온몸이 쑤시는 고통의 연속을 맛볼 수도 있는 것이다. 상대적으로 경쟁의 적도 많아지고 고독하게 된다. 수입이 늘고 명망이 높은 만큼 괴로움도 늘어난다.

그러나 그런 역할을 맡아야 할 사람이 세상에는 꼭 필요하다. 나는 그렇게 생각하고 학생들의 의지를 분발시켜 대학에 들어가게 했다.

학생 모두가 그런 생각을 하고 있는지는 모르겠다. 자신도

모르는 사이에 요령만 익혀 대학을 나오고, 의외로 평범한
인생을 살아가는 사람도 많을 것이라는 생각도 가져본다.

그러나 교육자로서는 능력을 가진 아이에게는 그 능력을
발휘하게 할 의무를 가지고 있다. 앞으로도 그 생각을 바꿀
수는 없을 것이다.

지망 학교를 결정할 때 아버지는 최소한 이것만은 도와 주자

학교의 성적만으로 판단하여 장래의 진로, 나아가서는 지망 학교의 학과를 결정하는 것은 위험하다고 앞서 말했지만, 좀 더 부언하자면 의과 지망생이 여전히 줄지 않는 것도 우리 학창 시절에는 의사가 되는 수가 적었고, 문과에서도 의과를 지망할 수 있었기 때문이다.

의과 지망생이 많은 이유는 여러 설이 있다. 다른 학과에 비하여 합격 점수가 높다. 즉 의과를 택하는 것은 가장 우수한 두뇌를 가진 자라는 영웅 심리가 작용했다는 것이다.

다음으로 사회에 공헌할 수 있다는 점이다. 어느 시대에나 가장 필요하고 중요시해야 하는 직업이다. 또 수입이 많다 등이 이유일 것이다.

이렇게 보면 그 시대의 사회 정세나 가치관에 크게 영향을 받고 있음을 알 수 있다. 그러나 자신의 인생을 눈앞의 사회 정세에 맞춘다는 것이 괜찮을까? 만약 자기 자녀가 그런 생각을 기초로 자신의 인생을 결정하려고 한다면 아버지로서 자녀와 많은 대화를 가져야 할 것이다.

의대 진학 후 6년간은 다른 학과보다는 훨씬 오래도록 공부를 해야 한다. 나중에 지망을 바꾸려고 해도 방향 전환이 어렵게 된다. 자녀가 현재의 사회 정세에 단순하게 영향을 받고 판단하고 있는지 않은지 부모는 점검해 보아야 한다.

　수입, 적성, 보람 —직업을 선택하는 조건으로서는 이 세 가지를 들 수 있을 것이다. 하기야 수입면에서는 과거에 비하면 큰 차이는 없다.

　문제가 되는 것은 적성이다. 대체 자신은 무엇에 적당한 존재인가? 누구나 그것을 알고자 하고 장래를 결정하는 근거로 삼고자 한다.

　학교 성적에 의존하는 것, 적성검사를 믿는 것도 결국은 자신의 결심에 자신이 없고 뭔가 다른 근거를 바라기 때문은 아닐까? 그러나 적성으로 미리 결정하여 버리는 선택은 그 사람의 가능성을 좁혀 나태한 자가 될 우려도 있다. 결국은 보람이 더 큰 이유가 될 수도 있다.

　그러나 어떤 것이 보람인지는 자신이 노력하고 부딪쳐 보아야 비로소 아는 것이다. 보람 있는 일이라고는 해도 자신에게 맞지 않는 경우도 있다.

　나는 교제하는 남녀에게 자주 이렇게 말한다. 상대가 자신이 좋아하는 타입의 6할 정도면 그것으로 결심하면 좋다. 전혀 다른 환경에서 자란 사람들이 처음부터 1백 퍼센트 맞을 리는 없다. 6할부터 시작하여 7할, 8할로 늘려나가면 된다,

　혹, 자녀가 1백 퍼센트의 꿈을 그리고 있다면, 그것을 억제시키는 것도 역시 아버지의 몫이라고 생각하기 때문이다.

수험생도 한 사람의 사회인으로 이해하라

우리 학교에는 중·고교를 합하여 1천 명의 학생이 등교하고 있다.

그런데 내가 기억하기로는 본교에 근무하기 시작하고부터 40여 년 동안 4명 정도가 자살을 한 것으로 파악하고 있다.

그 중에서도 10여 년 전 아파트에서 혼자 생활하고 있던 중학생이 심한 노이로제에 걸려 가스 자살을 했을 때는 여러 면에서 혼이 났다.

서울대 합격자 수가 처음으로 전국 1위가 되려던 시기로서 본교가 맹렬 입시학교라는 이미지가 막 심어지기 시작하던 때였다.

그 이후에도 한 명이 더 자살했지만, 그 때는 학교 측에서 현명하게 대처하여 탁 터놓고 매스컴 관계자와 대화할 수 있게 된 때문인지 그다지 사회적으로 문제화되지는 않았다. 지금 생각해 봐도 다행스런 일이었다.

이런 얘기를 끄집어 낸 것은 다음과 같은 말을 하고 싶어서이다.

지금은 거의 대부분이 고등학교에 진학(진학률 94%)하지만, 1970년대 이전에는 극히 일부의 학생만 진학을 했다. 또 그 또래의 연령층에서 자살자가 나왔다 해도 고등학생이 아니라 한 사람의 사회인으로서 기사화되어 실렸던 것으로 생각된다.

또한 자신이 선택하여 진출한 사회의 한 울타리로 학교란 것이 있었다. 하지만 현재에는 선택의 여지가 없다. 마치 당연지사처럼 진학한다.

여기에는 자주성이란 거의 찾아 볼 수 없다. 보호 받는다는 의식밖에는 느낄 수 없다. 학교라는 안전한 울타리 안에서 소중히 보호되는 어린애밖에는 없는 것이다. 때문에 그런 가운데 자살자가 나온다든지 하면 '원칙적으로 보호 받아야 하는 인간'으로 취급된다.

한 사람의 청소년으로 보려고 하지 않는다. 아이들 쪽에서도 부모들의 이런 의식을 역이용하여 무기로 삼는 경우도 없지 않다. 자기의 사정이 나쁠 때에는 수험생이라는 것을 이용하여 도망치려고 한다.

혹은 공부를 핑계나 흥정거리로 삼아 오토바이나 돈을 요구하는 것을 당연시하는 아이도 있다. 수험생(여기서는 대학 진학을 목표로 하는 수험생의 의미로 이 말을 쓰고 있다)을 한 사람의 사회인으로서 대우해 주는 것이 무리일지도 모른다. 그러나 한 사람의 사회인으로 대우해 주는 것도 좋지 않을까?

자기들만은 다른 사람과 비교해서 특별하게 대접 받는 것이 당연하고, 또 거기에 성역이 있다고 믿어서는 안 된다.

그러기 위해서는 부모가 먼저 그런 생각을 버려라. '응석 부리지 마!'라고 꾸짖어 주기 바란다.

부모의 권위로 꾸짖지 말고 한 사람의 인간으로서, 인생의 선배로서 꾸짖어 주기 바란다.

공부 때문에 꾸짖기보다 생활 태도를 가지고 꾸짖기 바란다

가르치는 것을 전문직으로 하고 있는 사람의 숙명인지, 나를 포함하여 대부분의 교사는 가정 내에서는 자기 자식의 공부를 등한시하는 것이 일반적인 것 같다.

집에 돌아오면 아버지, 어머니라는 입장이 되어서 가르치고 싶은 기분이 나지 않는다. 학교에서 가르치므로 집에서는 가르칠 수 없다. 엄살을 부리자면 자기의 직업을 부정하는 것인지도 모른다. 그래서 가르치지 않는다. 또한 아이들 쪽에서도 교사인 부모에게는 배우기 싫어하는 듯하다.

우리 집에 손녀가 있다. 제 딸인 아이 엄마는 자꾸만 "공부해라. 공부해라!"하고 말하지만, 좀처럼 생각한 대로 공부하지는 않는다. 그래서 언제나 둘이서 시끄럽게 싸운다. 엄마는 생활기록표에 우는 있는데, 수가 없다고 한탄한다.

"아이가 성적을 보고 그것에 만족하여 정신없이 기뻐해서는 안 된다는 생각에 수를 주지 않았을 것이다. 상급생이 되면 꼭 받을 수 있을 것이다."라고 달래기도 한다.

그러나 공부 때문에 화를 낸다고 애들이 공부를 하는 것은 아니다. 하라고 하면 할수록 하지 않게 된다. 아이들에게는 "공부해라"하고 꾸짖는 말처럼 이상한 것이 없지 않을까 생각한다.

초등하교 때도 공부해라, 중학교에 들어가서도 공부해라,

안다는 것은 하나의 감동이다. '1+1=2'라는 발견은 천동설 만큼 감동은 일으키지 못하더라도 인간의 지적 활동은 '의심'에서 시작하여 해답을 찾을 수 있다는 '놀라고' '감동한다'는 마음의 움직임이다

고등학교, 대학에서도 공부해라…….

전혀 발전이 없다. 공부의 내용은 각 학년에 따라 변하는데도 부모의 상투적인 말은 10년 내내 변하지 않는다.

"아, 또 그 말인가."

그 정도로밖에 들리지 않는다.

부모만이 그것을 깨닫지 못하고 있다. 나는 손녀에게 공부하라고 말하지 않는다. 성적이 나빠도 꾸짖지 않는다. 그 대신 생활 태도가 나쁠 때는 꾸짖는다. 철썩! 때리기도 한다. 꾸짖는다는 것은 어쩔 수 없어서 꾸짖는 것이다. 그런 기분이 드는 것은 핏줄인 부모 자식간이기에 그렇다.

남의 자식을 누가 진심으로 꾸짖어 줄까?

성적이 나쁘다고 꾸짖는 것은 부모가 자식의 일부분만을 꾸짖는 데 불과하다.

식사 후 치우지도 않고 TV를 본다, 부모와의 약속을 어긴다. 거짓말을 한다……. 그런 때야말로 진심으로 꾸짖어야 한다.

부모의 사랑으로 인한 노여움이 그때는 아이에게 전해진다. 부모가 공부 의외에도 관심을 갖고 인간으로서 자신을 염려하고 꾸짖고 있다는 것을 깨닫게 된다.

성적이 나쁘다고 계속 꾸짖으면 아이가 분발하여 성적이

오른다. 그렇다고 해서 부모가 그 아이에게 만족할 수 있을
까? 역시 또다른 부분에서 결점을 찾아 꾸짖게 된다.

그렇다면 순서를 바꾸어 보라. 성적보다는 아이의 인간적
인 부분(일상 생활 태도)에서 눈에 띄는 것을 꾸짖으면 된다.
성적은 그 다음에 말해도 된다.

꾸짖는 방법에도 우선 순위가 있는 것이다. 그렇게 하면
반드시 아이의 임무인 공부도 나아질 것이다.

자신감을 갖고 매를 들면 아이는 납득한다

　부모는 자녀를 때려서는 안 된다는 것이 사회 전반의 흐름이다.

　폭력을 부정하기 때문이라고 말하면 듣기에는 좋지만, 실제로는 부모가 자신감을 가지고 꾸짖는 것이 어렵게 된 점이 원인이 아닐까 생각해 본다.

　'사랑의 매'라는 말이 있다. "너를 때리는 것은 미워서는 아니라"라는 생각이 뒷면에 있다. 그러기 위해서는 서로의 인격을 인정하고 신뢰한다는 전제가 필요하다.

　"약속을 지켜라, 다른 사람에 대한 배려를 잊지 마라, 자신에게 될대로 되라는 식으로 행동하지 말라……."

　평소 생활 속에서 아이에게 이렇게 타이른다. 아이도 인정한다. 그러나 규칙 위반을 한다. 부모는 화를 낸다.

　"그만큼 약속하지 않았니!"

　"그렇지만……"

　아이는 충분히 납득하지 못하겠다는 듯 뿌로통한 태도를 보이기 시작한다.

　말로는 표현할 수 없는 분개라는 감정이 있다. 그럴 때면 아무래도 손이 나가고 만다. 멈추려고 생각할 때는 이미 늦어 아이가 놀라서 어안이 벙벙한 얼굴을 하고 있다.

　나도 1년에 한 번 정도는 학생들에게 매를 든다. 물론 체격은 학생이 크고, 70 먹은 나이에 비하면 완력도 세다. 그렇더라도 학생들이 나에게 덤벼드는 경우는 없다.

왜냐 하면 그럴 경우는 반드시 잘못이 학생 쪽에 있고, 자신도 그것을 알고 있기 때문이다. 그것은 연장자에 대한 존경하는 마음도 있다고 생각한다.

얄밉다, 건방지다, 불쾌하다 등 부모가 기분이 나쁠 때는 무심코 아이에게 그것을 풀어버리는 경우가 적지 않다. 그런 일로 맞는다면 불합리, 바로 그것이다. 명백하게 규칙 위반이다. 아이가 부모에게 대들려고 하는 것은, 부모가 규칙 위반하는 것을 차마 눈뜨고 보지 못할 때가 아닐까 생각한다.

부모의 신념도, 자신감도, 그 노여움 속에서는 느낄 수가 없다. 인간으로서 존경할 수 없다고 느낄지도 모른다.

부모는 자신감을 갖고 꾸짖어라, 미워서가 아니라 한 사람의 인간으로서 용서할 수 없다고 하는 심정으로 매를 들라.

너를 믿고 있다. 한 사람의 인간으로 대우해 왔다. 그런데……라고 화를 낼 때, 비로소 아이에게 부모의 신뢰가 전해진다. 신뢰를 저버린 자신의 잘못을 깨닫게 된다.

그때야말로 진정한 '사랑의 매'가 된다. 폭력이란 부모가 신념을 갖지 않고 자녀를 때릴 때 생겨나는 감정의 표현이다.

꼬치꼬치 이치를 따져 꾸짖기보다 간접적으로 느끼게 하라

아이를 꾸짖는 이야기를 한 김에 훌륭한 질책법은 어떤 것일까 하는 이야기를 해 보겠다.

예를 들면, 나의 손녀의 경우이다. 나는 프로레슬링을 좋아해서 식사 후, 별일이 없으면 채널을 돌려 관전할 생각이었다. 그런데 손녀는 좋아하는 가요 쇼를 보고 있다.

이럴 경우,

"너는 TV를 보지 마!"

부모의 권위 또는 할아버지의 권위로 억눌러버리려고 하면 아이는 반드시 반발한다. 화가 나서 고집을 부리며 움직이려고 하지 않는다.

"얘야! 오랜만에 할애비가 프로레슬링을 좀 보고 싶은데 양보해 주지 않으련."

하고 말하면 손녀는 서운하지만 양보한다. 순간적으로 명령이 아니라 한 인격체로서 서로 대등한 대화가 있었다고 느끼게 해주는 것이다.

언제인가 러시아워 때 내가 조금 술에 취해(약한 편이다) 비틀거리면서 전철 손잡이를 잡고 귀가하던 중이었다.

그런데 초등학교 4, 5학년 정도되는 사내아이와 그 동생으로 보이는 꼬마가 종종걸음으로 와서는,

"할아버지, 우리 엄마가 앉으시래요."

하면서 소매를 잡아 당기는 것이었다.

노인네가 휘청거리고 서 있는 모습이 딱해 보였는지, 자리를 양보하라고 엄마가 애들에게 말한 듯하다.

나는 30여 년이나 전철 통근을 계속해 오고 있어서 한두 시간 서 있는 것은 아무렇지도 않았지만, 그 친절을 받아들였다. 그 애들의 친절과 애들 엄마의 마음 씀씀이가 너무 흐뭇해서 손자 녀석에게 주려고 샀던 과자를 그 아이들에게 선물로 주었다.

내가 이 이야기를 한 목적은 노인에게는 반드시 자리를 양보해야 한다는 것을 말하려는 것이 아니다. 바로 정면에서 "노인에게 자리를 양보해라." 하면 반발을 할 것이다. 이치를 따지지 말고 간접적으로 자연스럽게 느끼도록 하라.

공부도 마찬가지이다.

"공부 좀 해라." 하고 말하기보다 가끔 아이의 교과서를 펼쳐 "아, 이런 것도 나오는구나. 이것은 기억해 두면 이 다음에 어른이 되어서도 도움이 되겠는데……"라는 식으로 이야기를 걸어보는 것이 어떨까.

아이들에게 공부해야만 하는 이유를 애써 납득시키지 않아도 느끼도록 하는 것은 가능하다. 책략이라면 책략일지도 모른다. 하지만 허용될 수 있는 책략이라고 생각한다.

성적이 나쁠 때 꾸짖기보다 좋을 때 꾸짖는다

아이가 시험 결과를 가지고 왔다. 학급 평균 점수는 80점인데, 우리 아이는 60점밖에 못했다. 부모는 이 성적에 대한 반응을 아이에게 전달할 의무가 있다.

나쁜 점수를 보고도 아무런 말을 하지 않게 되면, 자녀에게 불안감만 줄 뿐이다. 화를 내거나 칭찬을 한다거나 이래저래 부모가 관심을 보이고 있다는 것을 보여주어야 한다는 것이다.

"평균 점수보다 떨어져서는 안 돼! 이래 가지고는 한이나 다님이 한테도 점점 떨어질 뿐이야."

이렇게 꾸지람하는 것은 가장 서투른 방법이다. 아이는 자기 점수가 나쁘다는 것을 충분히 알고 있다. 그런데 다시 그 결점을 찌르면 점점 더 기가 죽게 된다. 좋은 방법은 나쁠 때 오히려 칭찬해 주는 것이다.

"점수는 좋지 않지만 글씨는 대단히 잘 썼구나. 글씨는 정성 들여 써야 한다는 것을 잊지 않고 있구나. 다음에는 더 깨끗이 써서 좋은 점수를 받아보렴."

이렇게 말해 주면 아이의 눈이 반짝인다. 우리 부모는 점수만을 염두에 두고 있지는 않구나. 더 넓은 눈으로 보고 계시는구나 하고 받아들인다.

성적이 좋을 때 오히려 꾸짖어 주라.

"점수는 좋지만, 어째서 글씨는 이렇게 엉망이니 정성 들여 쓰면 선생님도 읽기 쉬울거라 생각되는데 말이야."

아이와 같은 기분이 되어 같이 웃고 울어주는 것도 솔직한 표현으로 좋을지 모른다. 그러나 부모는 아이보다 어른스러울려고 한다.

아이들의 생각보다 한 발 앞서 생각하라. 넓은 시야로 성적 또는 공부를 파악하여 주기 바란다.

부모는 아이 자신이 "자, 이만하면 충분하다."라는 만족하는 마음가짐을 가지게 해서는 안 된다. 그래서 나쁠 경우의 "안돼."와 좋을 경우의 "잘 했구나!" 정도로는 부족하다. 좀 더 강하게 격려할 필요가 있다.

"만족해서는 안 돼, 하지만 도중에 녹초가 되어서도 안 된다."

그런 기분을 간접적으로 이해하게 하는 행동을 부모가 보여 주었으면 한다.

시험 당일 아침, 부모는 자녀를 어떻게 격려하면 좋을까?

언제인가 무심코 라디오에서 흘러나오는 강연회를 듣고 있었다.

어느 여성 종교 활동가가 인생론을 펼치고 있었는데, 부인의 아들이 서울대학에 시험을 치르던 때의 에피소드를 소개하고 있는 중이었다.

그녀는 자기 아들이 시험 보러 가는 날, 특별한 말을 하고 보냈다.

"힘 내라.""차분하게", "능력껏 해라."

하고 말하지 않았다. 나는 듣다 말고 웃음을 터뜨리고 말았지만, 그녀가 아들에게 한 말은

"수고해라, 다녀와라."

이 한마디였다.

매일 아침 일터로 향하는 남편을 보내는 아내의 상투적인 말은 "다녀오세요."이다.

그리고 귀가했을 때는 "다녀오셨어요, 수고하셨어요."라는 말이다.

당연한 의무를 하러 나가는 것을 일일이 "힘 내세요." 하고 보내는 사람은 없다. 수험생의 일, 수험생의 의무는 시험이다.

그렇게 생각해 보면, 이 여성 종교 활동가처럼, "수고해

라"하고 보내는 것이 가장 자연스러운 태도가 아닐까. 그녀는 돌아온 아들에게도 역시 "수고했다. 어서 와라."고 했을 것이라고 믿어진다.

그렇다면 시험 보러 가는 날 아침, 부모는 자녀에게 어떤 말을 해 주면 좋을까? 약간 망설이게 된다.

멋진 말이라도 한마디 해 주고 싶지만, 막상 하려고 하면 떠오르지 않는다. 너무 부담을 주는 말을 해 본인이 위축되어서도 곤란하다는 생각에 부모도 긴장한다.

결국은 "힘 내라."라는 평범한 말이 나오는 것이 고작이다. 그것으로 족하다고 생각한다. 자녀는 당연한 의무를 이행하러 가는 것이다. 특별한 말은 필요없다.

어느 학생이 시험 보러 가는 날 아침, 할머니가 불상 앞에서 손을 합장하고 있더라고 했다. 그 모습을 본 학생은 가족 전원이 자신의 일을 걱정해 주고 있다는 것을 기쁘게 생각하는 반면, 자신이 생각하고 있는 이상으로 기대를 걸고 있다는 것을 느끼고는 마음이 무거웠다고 한다.

기도하는 자세를 자녀에게 보여 줄 필요는 없다. 이는 자녀의 마음에 부담만 줄뿐 별 도움이 되지 않는다. 자녀가 보지 않는 곳에서 기도하는 것은 좋다. 언젠가는 자녀도 알게 된다.

내가 학생들에게 해 주는 말은 "마음을 크게 먹고 가라."
이다

"오늘 시험이 전부라고 생각하지 말라. 실패했다고 해도,
너희 인생의 전부가 거기서 결정되는 것은 아니다. 느긋하게
하라."고 하는 정도이다.

시험날은 자녀의 자랑스러운 무대이다. 그와 동시에 당연
한 의무를 치르는 날이다. 격려의 말도 소극적인 쪽이 좋을
것이다.

하루에 한 번 가족 모두가 웃을 수 있는 기회를 만들라

수험 기간 동안은 어떻게 정신의 긴장 상태를 지속시키느냐가 중요한 포인트이다. 어른들에 비하면 아이들은 일단 그런 상태가 되면 놀라울 정도로 긴장 상태를 유지할 수 있다.

아침 일찍 조깅을 한다거나 금주 금연을 하겠다고 큰소리쳤다가 지키지도 못하는 사람을 어른들은 우스갯소리로 넘길 수 있지만, 아이들의 공부는 그럴 수가 없다. 공부에 대한 의무감은 부모들의 상상 이상으로 무겁다.

그러나 보다 효과적으로 긴장 상태를 지속시키려면 적당히 숨을 돌릴 시간이 필요하다.

정신분석으로 유명한 오스트리아의 학자인 프로이트는 수십 년 동안 하루도 연구 스케줄을 바꾸지 않고 정해 놓은 시간에 책상 앞에 앉고, 언제나 같은 시각에 귀가하는 생활을 했다고 한다. 그것은 천재라고 해도 불가능하다.

가령 정신이 때묻지 않고 금욕적 생활을 하는 수험생이라 해도 그럴 정도로 자신을 제어하고 집중력을 지속시킬 수는 없다.

긴장 상태를 훌륭하게 유지시키는 길은 틈틈이 웃는 일이다. 이런 방법으로 집중해야 한다는 속박에서 벗어나는 여유를 갖는다. 또한 이렇게 하는 것이 새로운 긴장을 만드는 원천이 된다.

이럴 경우 웃을 수 있는 일을 수험생 자신이 연출할 필요는 없다. 웃음을 만드는 일은 부모의 역할이다.

식사 후, 5분이나 10분만이라도 가족과 서로 대화를 하라고 전문가들은 자주 말한다. 나는 그것으로는 부족하다고 생각한다. 적어도 30분 정도는 부모가 아이들과 대화할 필요가 있다고 권하고 싶다.

그것은 가정 내에서 수험생을 고립시키지 않는 일이기도 하고, 가족이 뿔뿔이 흩어지지 않게 하는 부모의 의무이기도 하다.

물론 아이들이 먼저 얘기를 꺼낼 리는 없다. 되도록 부모에게서 벗어나려고 생각하니까. 만일 아이 스스로 적극적으로 입을 연다면 그보다 더 좋은 것은 없으리라.

이야기의 내용도 항상 아이 중심이어서는 곤란하다. 아이도 부모도 관심을 가질 수 있는 온 가족의 화제를 생각하라. 뉴스에서 본 사건, 유행가, 세간의 화젯거리, 유행하는 패션 등…….

반드시 가족 모두가 이야기에 동참할 수 있어야 한다. 부모가 질문자가 되어서도 안 된다. 혹 질문자가 되었다면 반드시 자신의 의견이나 견해를 덧붙여라.

“학교 공부 진도는 순조롭니?”하고 아이에게 물어도 “예”

나 "그럭저럭"이라고 대답하는 것이 고작이다.

그러면 "아버지가 공부할 때는 일학기에 아무리 열심히 해
도 성적이 오르지 않아 애 먹었는데, 너는 어때?" 하면서 구
체적으로 묻는 게 좋다.

"저도 똑같아요." 하고 대답하면 "역시, 부전자전이야." 하
면서 함께 웃으면 좋다. "꽤 올랐어요." 하고 대답하면, 칭
찬을 아끼지 말아야 한다.

그런 다음 "자! 이제부터는 공부, 공부 시간이다." 하면서
각자의 방으로 돌아가게 하면 긴장을 푸는 효과는 충분하리
라 생각된다.

취미와 공부를 훌륭하게 병행하는 아이야말로 진짜 발전하는 아이다

나는 벌써 70세의 노인이다. 눈도 나빠져서 작은 활자는 읽기 어려울 정도가 되었다. 그 때문인지 최근에는 독서량도 줄고 신문도 차분히 읽을 수 없게 되었다. 텔레비전도 그다지 좋아하지 않게 되어서 잘 보지 않는다.

학교 교사로서 그래서는 매우 곤란하지만, 실제로는 그 정도로 눈이 나쁜 것은 아니다.

전철을 타면 옆 좌석에서 신문을 펼치고 있으면 곁눈질로 큰 활자는 읽을 수 있고, 매달려 있는 광고 글자 정도도 읽을 수 있고, 잡지 광고나 책의 목차도 대충은 훑어볼 수 있다. 옛날 같지는 않지만, 나도 내 나름대로 정보를 수집하는 방법을 가지고 있다.

교사라는 직업은 자신의 전문 과목에 대해서만 알고 있어서는 곤란하다. 다시 말하면 자신이 살고 있는 시대에 대하여 코멘트 할 수 있어야 하고, 자기가 어떤 생각을 하고 있는가를 어제든지 명확하게 이야기할 수 있도록 끊임없이 새로운 현상, 사건, 풍습 등에 대해 알아둘 필요가 있다. 그렇지 않으면 어른들보다 정보 수집이 빠른 아이들과 대화를 할 수가 없다.

수험생도 마찬가지다. '수험생과 취미'라는 앙케트를 본 적이 있다. 거기에는 1위가 음악감상, 2위가 영화감상, 3위가 스포츠, 그 다음이 독서 등으로 되어 있었다.

그 내용을 자세히 살펴보면 각각 개성적이지만 표면상으로는 손쉽고 힘 들이지 않는 것들이라는 생각이 든다. 시험이라는 답답한 족쇄가 채워져 있어서 때문일까?

정말 열중하고 싶은 마음이 있어도 그것에 몰두하는 것을 망설이고 있음을 알 수 있다.

아이에게 취미를 갖게 하는 것이 좋은지, 또 시험 기간에도 그 취미 생활을 계속하게 하는 것이 좋은지 고민하는 부모가 많은 것 같다.

"당연하다."고 나는 대답한다. 우리 교사들도 교과 이외의 것을 알아야 하는 것과 마찬가지로 수험생도 시험 공부만 알아서는 곤란하다.

아무쪼록 헤드폰을 끼고 혼자 음악을 듣는 아이의 모습이나, 만화를 보면서 포복절도하는 아이의 모습을 발견하고 안달하거나 조바심하지 않기 바란다. 때로는 하고 싶으면 하도록 방임하는 것도 좋다.

아이는 자신의 역할을 알고 있다. 수험생은 지금 자신이 무엇을 해야 하는지를 잘 안다. 그래서 저절로 자신에게 브레이크를 건다.

공부와 취미를 병행하는 것은, 어른이 자기의 일과 취미를

병행하는 것과 같은 것이다. 그것을 훌륭하게 할 수 있는 사
람은 시간도 잘 이용하고 쓸데없는 데 정력을 쓰지 않는다.

시험 공부에는 균형 감각이 필요하다. 공부와 취미를 병행
할 수 없는 아이는 설령, 공부에만 전력투구 한다 해도 잘
되지 않을 것이다.

시간 활용을 잘하는 방법을, 아이 자신의 몸에 익히도록
하기 위해서라도 취미를 빼앗아서는 안 된다.

공부와 운동의 병행이 아이들 본래의 임무다

예나 지금이나 운동과 공부의 병행이 사춘기 아이들에게 가장 큰 고민거리이다. 3, 40대의 어른이 되면 그런 고민은 하지 않아도 된다. 그래서 사춘기 아이들이 얼마나 육체적 욕구(운동)와 지적 의무(공부)와의 사이에서 고민하고 있는가를 어른들은 잘 알지 못한다.

요즘도 그런 질문을 학생들로부터 받는다. 생각해 보면 나는 40여 년 간 그런 고민을 지니고 살아왔음을 고백한다. 스포츠와 공부의 병행은 수험생의 가장 큰 고민이라 말할 수 있겠다.

"그렇게 하고 싶으면 하는 것이 좋다. 어떻게 하면 병행할 수 있는가를 생각하는 것이 너희들의 임무다."
하고 나는 항상 얘기해 준다.

올림픽 경기 중계를 텔레비전으로 보다가 생각한 것이지만, 외국 선수들 중에는 직업이 의대생, 변호사 지망생, 대학 강사 등이 눈에 띈다. 우리 나라 선수의 대부분이 대학생이 아니면 회사에서 특별 대우를 받으며 운동에만 전념하고 있는 것과는 사뭇 다르다.

한 사람이 1백의 에너지를 가지고 있다고 하자. 그러나 어떤 하나의 대상에 1백 퍼센트 에너지를 다 쏟는다는 것은 집중력이 매우 강한 사람 말고는 불가능하다. 훌륭한 에너지 사용법은 그것을 자연스럽게 발산시키는 일이다.

육체의 욕구에 따라 적당히 땀도 흘리고, 몸을 피곤하게 한다. 그러면 깊은 숙면을 할 수 있다. 숙면은 두뇌에도 좋다. 두뇌가 피로할 때는 자주 몸을 움직이는 것이 좋다. 그렇게 하면 쓸데없는 에너지 낭비도 없고 정신도 맑아진다.

공부와 운동을 병행하고 싶다고 하면 반대할 필요는 없다. 다만, 운동에서도 챔피언, 공부에서도 서울대 합격을 목표로 두 마리 토끼를 잡으려 한다면 따끔하게 충고해 주기 바란다. 1백의 에너지를 50대 50으로 나누어 쓰는 것은 불가능하다고, 그리고 처음부터 2백의 에너지를 가지고 태어나는 사람은 없다고 말이다.

내가 근무하고 있는 학교는 도시의 학교 치고는 꽤 넓은 3만 3천 평방미터의 부지를 확보하고 있다. 운동장, 체육관 등 시설도 모두 갖추고 있다. 그러나 고등학교 3학년 1학기가 끝나면, 3학년생의 모습은 운동부에서 찾아볼 수가 없다. 나는 그러한 현상을 둘을 병행할 수 없기 때문이라고는 생각지 않는다. 좀 더 긴 주기(cycle)로 병행이라는 단어의 의미를 생각해야 한다.

수험생일지라도 가정에서의 역할은 확실히 하게 하라

유치원에 다니는 듯한 꼬마가 빵을 팔러 온 차에서 물건을 사는 모습을 본 적이 있다. 어른들과 함께 차례로 줄을 서서 (처음에 나는 어머니와 함께 왔으리라 생각했다) 돈을 꼭 쥐고 중얼거리고 있었다. 아마도 어머니가 심부름을 시킨 물건과 개수를 잊어버리지 않으려는 것 같았다.

이윽고 물건을 사고는 커다란 종이 봉투를 두 손에 들고 싱글벙글 거리며 집으로 돌아가려다 빵을 파는 사람과 몇 마디 주고 받는 것으로 봐서 꼬마는 그 전에도 몇 번 빵을 사러 왔던 모양이다.

나이는 어리지만 그 꼬마는 집에서 자기가 해야 할 역할을 갖고 있었던 것이다. 그것은 아이에게 있어 자랑거리이다. 부모는 물론 아이도 각자의 힘에 맞게 할 수 있는 일을 하게 하라. 그렇게 하는 것이 가정이라는 작은 조직을 유지할 수 있는 원동력이다.

정원의 화초에 물을 준다. 아침신문을 가져 온다. 편지를 부친다. 현관 청소를 한다. 이웃집에 심부름을 한다. 이러한 작은 일부터 쇼핑하는 것, 부모 대신 관공서에 무슨 신고를 한다든지…… 성장함에 따라 가정에서 자녀가 할 일은 얼마든지 있다.

그러나 중학 3학년생, 혹은 고교 3학년생, 재수생이 되면 가정의 한 사람이어야 할 아이가 돌연 가정 내에서 손님처럼 겉도는 경우가 있다.

"너는 공부만 하면 된다. 쓸데없는 일은 하지 마라. 그럴 시간 있으면 책이라도 한 번 더 봐라."

오로지 공부에만 신경쓰도록 아이에게 아무것도 시키지 않는 부모가 있다. 그러나 그것이 아이에게 행복할 리는 없다.

거듭해서 말하지만 수험생의 임무는 공부다. 아버지가 회사에서 일하는 것과 같다. 그러나 인간이 자신의 전문 분야만 잘 한다고 해서 회사 구성원으로서 역할을 다 했느냐 하면 반드시 그런 것은 아니다. 아버지도 집에 돌아오면 정원에 물을 주기도 하고 힘든 일도 한다. 가정에서의 당연한 의무인 것이다.

수험생이라고 해서 예외적 취급을 받는다면 그것은 우스운 얘기이다. 지금까지 집에서 했던 일을 그대로 하게 하라. 여자면 설거지를 하게 하고 남자면 힘쓰는 일을 시키고, 남매라면 공부하는 것을 서로 지켜보게 하는 것도 좋다. 자기 방을 정리 정돈하는 것도 당연한 일이니까 하게 하라.

인간이란 바쁜 것이 좋다. 해야 할 일이 많으면 어떻게 하면 그 일을 짧은 시간에 마칠 수 있는가를 생각하게 된다. 이러한 생각이 머리 화전을 좋게 하는 방법이다.

공부하는 방법도 마찬가지이다. 공부 이외의 일을 함으로
써 긴장을 푸는 효과도 기대할 수 있다.

가족의 한 사람으로서 책임을 잊지 않도록 뭔가 한 가지라
도 좋으니 일을 시켜라.

가정의 행사 · 습관은 평소처럼 하라

어느 일요일 아침, 전철을 타고 가다가 목격한 광경이다. 수험생으로 보이는 고교생이 친구와 만나 이야기를 하고 있었다.

"어! 너 오늘 도서관에 가지 않았니?"

"응, 그럴 생각이었는데 어머니께서 오늘 할아버지의 제사가 있으니 오라는 거야. 왜 가야 하느냐고 물었더니 어쨌든 무조건 오라고 하시면서 화를 내시는데 어쩌겠어. 항상 공부하라고 했는데, 오늘 만큼은 공부하지 않아도 좋으니 어머니 말대로 하라는 거야."

이런 이야기를 나누고 있는 두 학생의 시선 끝에 정장한 부부가 앉아 있는 모습이 보였다. 아마 그 학생의 부모인 듯했다.

잘한 일이라고 생각한다. 그 부모의 사고방식에 찬성한다. 그렇지만 조금 설명이 부족했다는 생각이 들었다. 수험생을 너무 위한 나머지 제멋대로 행동하도록 내버려 두는 부모가 많은 시대에 공부보다 더 중요한 일이 있다고 아이를 오라고 한 부모의 태도는 훌륭했다고 생각한다.

긴 수험 생활을 하는 동안 단지 하루쯤 책상을 벗어난다고 무슨 큰일이 있겠는가? 손자를 사랑하다 죽은 할아버지를 잊지 않게 제사에 오게 하는 것이 아이의 인생에 있어서 공부 이상으로 소중하다고 생각한지도 모른다.

가족이 모여 무언가를 하려고 할 때 "나는 공부해야 하니까." "나는 도서관에서 조사할 것이 있어서." 하며 빠지려는 아이를 "응, 그래. 그렇게 하려무나!" 하면서 내버려두어서는 안 된다.

1년 간의 수험 생활 중에 단 하루가 결정적인 차이가 나게 하지는 않는다. 자기 이외의 가족이 모여서 무언가 하고 있을 때, 자기만 예외가 되어 공부한다고 해서 그만큼 능률이 오른다는 보장도 없다.

형제의 생일을 축하한다. 어버이날 선물을 한다. 가족여행을 한다. …… 매년 그런 가족의 행사 · 습관을 단지 시험기간이라 해서 변경한다든지 중지해서는 안 된다.

한 사람의 수험생을 위해 가족 전원이 희생 또는 봉사한다는 것은 넌센스이다.

반대로 수험생 중에는 "이만큼 가족 모두가 나의 일에만 신경 써 주는구나." 하면서 심리적 압박감을 느끼는 학생도 많을 터이다. 이는 심적 부담만 갖게 된다. 그래서 평소대로 하는 것이다. 수험생이라고 해서 특별히 취급하지 않는 분위기를 만들어라.

왜 오늘 하루 공부를 하지 말고 너에게 할아버지 제사에 오게 했는지를 부모는 차분히 납득시키길 바란다.

그만큼 너를 믿고 있다. 오늘 하루 정도 공부를 안 해도
반드시 만회할 수 있을 것이라고 믿고 있다는 것을 짐짓 느
끼게 하면 더할 나위없다.

자녀에게 원 풀이를 하는 것은 격려가 아니라 부담이다

부모가 자녀에게 자신의 꿈을 부탁한다. 자신이 이루지 못한 입신 출세, 혹은 성공을 자녀에게 떠맡겨 그것을 자녀가 성취하게 함으로써 부모가 만족한다.

예전에는 이런 내용을 소재로 한 극영화도 인기가 있었던 모양인데, 지금은 그렇지 않다.

그것은 부모가 자녀를 기르고, 그 자녀가 성장하여 이번에는 늙은 부모를 보살핀다는 그러한 유교적 도덕관이 희박해졌기 때문일 것이다.

오늘날의 부모는 자녀에게 부양 받는 것을 당연하다고 생각하지 않으며, 자녀도 그것이 의무라는 관념이 희박해졌다.

그러나 자신의 인생은 실패했다거나 길을 잘못 들었기 때문에 성공하지 못한 채 일생을 보냈지만, 자식에게 만은 같은 전철을 밟지 않게 하겠다는 생각에 자녀를 다그치는 부모가 적지 않다.

그런 사람들 중 대다수는 자신의 불행은 학력이 없기 때문이라도 믿고 있는 것 같다. 남과 같이 일류대학을 나왔다면 좀 더 다른 인생의 길을 가고 있었을 것이라고 생각하고 있다. 그러기 때문에 어떻게 해서든 자녀에게 좋은 대학에 가게 하고 싶고, 그것만이 자신과 같은 과오를 범하지 않게 하는 가장 좋은 방법이라고 믿고 있다.

그러나 그것이 진정한 부모 마음이라고 말할 수 있을까. 나는 간단하게 자기 인생을 단념해 버리는 사고방식을 이해할 수 없다.

성공이냐 실패냐 하는 양자택일적인 사고방식으로 일생을 판단하는 사람을 이해할 수 없다는 말이다.

더욱이 자기 멋대로 자신은 패자고 실패자라고 결정짓고 있다. 그것을 판단하는 것은 남이 해야 하는데 말이다.

남의 입장을 헤아릴 줄 아는 아이가 되게 하라

오직 한 친구를 목표로 하여 라이벌 의식을 가지고 공부하던 수험생이 있었다.

상대가 하루 8시간 공부하면 지지 않으려고 9시간 하고, 상대가 영어 단어를 1천 단어를 외우면 이쪽은 2천 단어를 암기하는 등 상대에게 지지 않으려는 생각밖에 하지 않았다. 그래서 상대가 병으로 눕거나 하면 그것을 찬스로 공부를 더 열심히 했다.

경쟁 상대가 한 사람 줄었다고 해서 그만큼 자신의 합격 확률이 높아졌다고는 요즘 수험생들은 생각지 않는다.

그러나 어른들에 비하면 좁은 세상에서 살고 있다. 어떻게든 주변에서 목표를 선택하려 하고 라이벌이 마음에 걸려 어쩔 줄을 몰라 하는 그런 측면도 조금은 남아 있는 것 같다. 친구가 감기로 1주일간 쉬면 마침 잘됐다고 공부에 열을 올리는 아이는 좀 곤란하지 않을까.

그런 아이라면,

"노트를 빌려 주고 설명하여 주어라. 어디까지 배웠는지 가르쳐 주어라. 그렇게 하면 너도 공부가 되고 일거양득이 된다."고 충고하여 주고 싶다.

자기밖에 모르는 아이는 마음이 좁을 뿐만 아니라 판단하는 능력도 떨어지는 경우가 많다. 암기도 잘하고 점수도 남보다 뛰어난데 발전이 없다. 그것은 상대의 입장에서 생각하지 않기 때문에 자신에게 놓인 상황을 객관적으로 보지 못하는데 원인이 있다.

"연호는 운동은 잘하는데 성적이 나쁘니까, 그 애와는 놀지 말고 앞으로는 성적이 좋은 광수와 놀도록 해라."

자녀에게 이렇게 말하는 어머니도 있다. 누구나 원칙적으로는 그러한 차별이 있어서는 안 된다고 생각하면서 속으로는 머리가 좋은 아이와 함께 있는 것이 플러스가 된다고 생각해 버린다.

남을 헤아릴 줄 모르는 아이로 자라는 것은 이러한 부모의 태도가 가장 큰 원인일 것이다.

남을 헤아려 주는 마음은 자신의 능력을 냉정하게 판단하려는 자세에서 생겨난다.

헤아림이 없는 아이보다는 있는 쪽이 훨씬 여유 있는 생활을 할 수 있다고 생각한다.

자녀의 공부방은 정말 필요한 것일까?

월간지에 실린 화보를 보고 있자니 한 작가가 오피스텔의 방 하나를 빌려서 집무실로 쓰고 있는 광경이 실려 있었다.

집이 단지 주거 공간만이 아니라는 것이다. 그뿐만 아니라 그 방을 중학생인 아들과 함께 사용하고 있었다. 오피스텔 방 하나에서 책상을 맞대고 있는 아버지와 아들의 모습은 어딘지 모르게 흐뭇했다.

자녀가 초등학교에 들어가면 반드시 공부방을 만들어 주어야 한다고 생각하는 부모가 너무 많다. 오빠와 누이, 누이와 남동생이 있는 경우는 남녀가 따로 방을 쓰지 않으면 안 된다고 걱정하는 부모도 있다. 생각하여 보면 참으로 기묘한 일이다. 자녀가 진정으로 바라고 있는지도 확인해 보지 않고 공부방을 주는 것만으로 부모는 자녀에게 의무를 다한 것으로 생각한다.

내가 어렸을 때를 생각하여 보면 책상만 있어도 감지덕지였고, 전용 공부방은 생각도 못했다. 식사를 마치고 밥상을 치우면 가족 각자가 자신이 있을 자리를 확보하고 바느질을 하거나 라디오를 듣거나 공부를 하거나 했다.

내 손녀에게도 자기 방이 있다. 그러나 그 곳에 있는 시간은 얼마 안 되는 것 같다.

식사가 끝난 후 식탁에 교과서를 가지고 와서 공부를 한다. 누군가가 주위에 있으면 오히려 안심이 되어 집중력이 향상되는 모양이다.

책상을 주고 책장을 주고 컴퓨터까지 설치하여 전용 공부방을 주는 것으로 공부 환경을 충분하게 갖추어 줬다고 생각하는 쪽은 부모 혼자의 생각이다. 공부란 모양만 갖췄다고 저절로 되는 것이 아니다.

적어도 초등학교 저학년까지는 아직 방을 주지 말라. 집중력만 있으면 공부는 어디서든 할 수 있다. 부모가 TV를 보고 있는 바로 곁에서도 산수 숙제를 잘하는 아이도 있다.

장차 어떤 환경에서 공부하게 될지 모른다. 자신의 상황에 적절한 조건이 항상 구비될 수 있다고는 단정지을 수 없다. 환경에 맞춰 자신이 해야 할 일은 해야 하는 훈련도 자녀에게는 필요하다.

물론 책상이나 책장은 마련해 줘라. 가정 내에서 자신의 장소를 분명하게 해둘 필요는 있다. 단지 혼자 있기가 싫은 시기이다. 부모의 관심을 느끼는 장소가 자신의 일에 열중할 수 있는 곳이다.

만일 자녀의 방을 만들어 줄 여유가 있을 때에는 가능한 한 햇볕이 잘 드는 장소는 피하라. 책상은 반드시 벽을 향하게 하라. 밖이 보이면 주의력이 산만해 진다.

당연한 것은 당연하게 하라

"아침 공부와 밤 공부는 어느 쪽이 좋을까요?"

"잠은 최소한 몇 시간 자는 것이 좋을까요?"

"수험생들의 식사는 어떤 점에 주의하면 좋을까요?"

어머니들의 모임에 참석하면 이런 질문들이 많이 나온다. 의식주 모든 것을 수험 공부에 연결시키려고 한다. 그때마다 나는 생각한다.

'수험 공부에 특효약은 없다.'

자녀를 생각하는 부모로서는 자신이 자녀 머릿속으로 들어가 공부를 도와줄 수 없는 이상 가능한 모든 것을 도와주려고 한다. 그러나 사소한 것까지 참견하려는 질문에는 나는 입을 열지 않는 편이다. 왜냐 하면 바로 이것이라는 정답이 없기 때문이다.

나는 학생들에게 밤 12시 전에는 잠을 자라고 권하고 있다. 학교에서 졸고, 집에서 공부하는 것은 의미가 없다. 수면시간도 마찬가지이다. 5시간만 자면 충분한 학생이 있는가 하면 저혈압 증상이 있어서 8시간을 자도 충분치 못한 학생도 있다. 수험 대책에는 이것밖에 없다고 하는 정답은 없다. 말하자면 한 사람 한 사람 수험생마다 한 개의 정답밖에 없다고나 할까.

그러나 누구에게나 알맞은 답은 있다. 그것은 사춘기 아이를 다루는 것이므로 당연한 것은 당연하게 하라는 것이다.

복장이 지저분한 것보다 단정한 것이 좋을 것이다. 불규칙한 생활보다는 규칙적인 쪽이 낫다. 편식 없는 식사가 좋고 청결한 생활, 목욕도 반드시 하게 하는 등 부모가 자녀에게 해야 할 당연한 것을 당연한 듯이 하는 게 좋다. 특별 취급이나 과보호가 자녀의 마음에 얼마만큼 마음의 짐이 되는지를 생각하여 주길 바란다.

자녀가 밤 늦게까지 공부하고 있을 때, 함께 자지 않고 있는 어머니가 있는데, 그러한 것이 도움이 되는 아이도 있고, 그렇지 않은 아이도 있다. 그 아이의 성격에 맞는 답을 찾아야 한다.

다른 사람의 성공 사례가 꼭 그대로 적용되는 것은 아니다. 그렇다면 당연한 것을 당연히 하게 한다는 것은 도가 지나쳐서 실패하는 것보다는 현명하다고 할 수 있지 않겠는가?

나는 어떤 특별한 요령이나 아이디어를 소개한 적이 없다. 생각나는 것이 없는 게 아니라 본래 그런 것은 있을 수가 없는 것이다. 없다는 것을 아는 것이 예상 외로 성공으로 가는 가장 빠른 지름길인지도 모르겠다.

부모는 사춘기를 보낸 선배로서 자녀를 대하라

"선생님들은 좋겠어요. 잘하는 아이들만 모였으니까. 가르
치는 쪽도 어려움이 없겠지요?"
라는 등의 말을 자주 듣는다.

밖에서 보기엔 우리 학교만 다니면 바라는 일류대학에 들
어갈 수 있다고 간단하게 생각해 버리는 것 같다. 그러나 타
학교보다 일류학교에 들어가기 쉽다고 해서 안심하고 있다고
하면 큰 잘못이다. 공부하는 능력은 다른 학교 학생보다 조
금 나을지라도 그건 그거고 불안감은 역시 마찬가지이다.

'수험기'라고 하는 말을 자주 쓰는데, 잘 생각하여 보면 현
대사회가 수험기=사춘기이다.

유명한 유치원을 들어가기 위해 영재교육을 받는 것을 시
작으로 유명한 중학교를 들어가려는 초등학생, 유명 고등학
교나 대학 진학을 목표로 하는 학생이라면 1학년 때부터 시
험에 신경을 쓴다. 마치 10대의 거의 모두가 수험기이다. 그
러기 때문에 수험기와 사춘기를 구분할 수 없다.

'시험 노이로제'라는 말이 있다. 갑자기 소리치고 싶고, 이
유없이 죽고 싶다든지, 아무리 공부를 해도 불안하여 견딜
수 없어 하는 증상을 가리키는데, 이것은 시험에 대한 중압
감과 사춘기이기 때문에 생기는 고민이라 말할 수 있다.

사춘기란 과대한 꿈과 불안이 위태롭게 동거하는 시기이

다. 그러한 시기를 아이들은 공부라는 의무를 수행하고 있다는 점이다. 부모에게 부탁하고 싶은 것은 자녀가 수험기라는 것 이상으로 열심히 인생을 생각하면서 살고 있는 사춘기라는 점을 의식하길 바란다.

수험기라는 측면에서 생기는 불안(성적 등)에 대하여서도 부모는 충고를 하기 어려울지 모르겠다. 그러나 그 괴로움도 사춘기에서 오는 것이라고 생각한다면 상담도 가능하지 않을까. 어떤 부모이든 간에 사춘기를 체험한 선배이니까.

한 인간이 수험기와 사춘기를 동시에 살고 있다. 부모는 수험생이기 이전에 성장 과정에 있는 한 인간으로서 자녀를 보아주길 바란다. 여기서 필요한 것은 공부 방법이나 요령을 가르쳐 주는 것이 아니라 인생의 선배로서 충고와 예의범절을 가르쳐 주어야 하는 것이다.

수험기는 사춘기.

어떻게 해서든 수험기만을 잘 넘기려는 생각을 하면, 인간으로서의 중요한 훈련을 태만하게 된다. 자기 일을 잘 완수함으로써 인간이 성장한다고 하는 말이 성립된다면 수험기의 성패는 사춘기를 어떻게 보내느냐에 달려 있다고 해도 과언이 아니다.

자녀가 선생님이 되게 하라

자녀가 알고 있는 것을 부모가 모른다. 그럴 경우는 얼마든지 있다.

가령 컴퓨터가 그렇게 빨리 계산할 수 있는지를 부모가 모른다고 하자.

"뭐야, 엄만 아무것도 모르잖아."

하고 아이에게 무시당할 것이다.

그럴 때는 부모가 학생이 되고, 자녀를 선생님이 되게 하라.

"응, 그게 어떻게 되는 건데. 엄마에게 알기 쉽게 설명해 줄래?"

이 경우 자녀는 진지하게 설명하려고 한다. 그러나 어떤 것을 남에게 요령있게 설명하고 이해시킨다는 것은 무척 어려운 일이다. 그러나 그것을 가르치는 것도 공부이다. 남을 가르침으로 해서 자신도 다시 공부하게 되고 이해력도 높아지는 것이다.

내가 중학교에 다닐 때는 기차로 통학을 했다. 역에 가면 친구들이 모여 있다.

"야! 오늘 시험에 이 문제가 나올 것 같은데, 어떻게 하면 좋을까?"

당시 나는 비교적 이해가 빠른 편이어서 많은 친구들이 도움을 청해 왔다.

"응! 그건 말야,"

하며 기차 속에서 설명을 시작한다. 그러면 친구들은 "아! 그렇구나. 맞아, 맞아!" 하면서 맞장구를 친다.

질문을 받는다는 것은 즐거운 일이다. 남에게 도움을 주고, 자신의 공부도 된다. 이렇게 좋은 공부 방법은 없다.

부모가 모를 때는 꼭 아이에게 물어보고 직접 설명하게 하라.

친구와 놀 때도 기회를 봐서, "어쩌면 네 친구가 모르는 것 같으니까, 네가 직접 가르쳐 주렴."하고 말해 줘라.

한 번 보다는 두 번, 두 번 보다는 세 번, 반복 설명을 함으로써 아이는 중요한 점을 깨닫게 된다.

남에게 설명할 때는 가장 중요한 것이 무엇인지를 먼저 자기 자신이 파악해야 한다. 자문자답으로는 그러한 훈련이 어렵지만 타인 앞에서는 가능하다.

그렇게 하여 설명이 끝나면, "잘 알았다."라고 꼭 칭찬을 해 줘라.

초등학생은 초등학생에게 맞게, 중학생은 중학생에게 맞게 질문 수준을 높여나가면 좋을 것이다. 그것이 일상생활에 관계된 것이라면 더욱 좋다.

"냉장고 가스와 보통 가스는 뭐가 다르지?"

"BCL 전파와 보통 TV 전파는 뭐가 다르니?"

이처럼 어려운 질문은 자녀에게 열등감만 심어줄 것이다.

남에게 뭔가를 가르쳐 준다는 것은 누구에게나 즐거운 일이다. 자녀를 학생으로만 보지 말고 때때로 선생님도 되게 하라.

자녀의 질문에 모르면 반드시 조사해 보고 대답하라

아이가 아무리 사전이나 참고서를 찾아봐도 모르는 것이 있을 것이다. 설령 책에 있다 하더라도 이해할 수 없는 내용도 있을 것이다.

"아버지, 필리핀은 아시아인데 왜 영어를 사용해요?"라는 질문을 받았다고 하자.

이러한 자녀의 질문을 진지하게 받아주기 바란다.

19세기 말에 미국이 스페인과 싸워 이기고 그 대가로 얻은 땅을 미국이 통치하고 있기 때문인데, 이런 역사적인 생각이 나지 않는 경우도 있다.

"그러고 보니 그렇네? 아버지가 학교 다닐 때 배운 것 같은데 생각이 나지 않는구나. 내일 조사해서 가르쳐 주마."

그리고 실제로 조사해라. 도서관도 좋고 친구에게 물어봐도 좋다. 아무튼 조사하여 가르쳐 줘라. 이것이 자녀의 공부를 도와주는 방법이다.

그러면 자녀가 감격할 것이다. 부모에 대한 존경심도 우러나올 것이다. 부모일지라도 찾아보지 않으면 안 되는 것이 많다는 것도 알게 될 것이다. 그러나 무엇보다 중요한 것은 그렇게 하는 것이 부모에게도 플러스가 된다는 점이다.

내 경우도 많은 학생들이 나에게 어렵고 이상한 질문을 던지는 일이 종종 있다. 그럴 때마다 나는 애써 조사한다. 그리고 성의껏 가르쳐 준다. 그러면 나 자신도 하나 더 아는 것이다. 오히려 좋은 기회를 주었다고 감사하고 싶다. 덕분에 학생들은 이런 나를 대단한 지식가인 양 착각하고 있다.

특히 아버지들이 이러한 태도를 가졌으면 한다.

매일 아이들의 숙제를 들여다 볼 필요는 없다. 단지 질문을 하면 어드바이스는 해 줘라. 사전 찾는 법도 가르쳐 줘라. 그래도 이해하지 못하면 좀 더 상세히 알고자 할 때는 부모가 손수 조사하여 자녀가 알기 쉽게 설명하여 준다.

물론 무엇이든 다 알 수는 없다. 누구나 알고 있는 것보다 모르는 것이 더 많다. 그것을 자녀가 알게 하라. 느끼는 것만으로도 충분하다. 귀찮을지도 모른다. 그러나 매일 있는 일은 아니잖는가. 그것이 아버지의 의무라고 생각하길 바란다. 그럴 때 부모와 자녀와의 대화가 생기고, 자녀가 무엇에 흥미를 가지고 있는지 알게 되는 것이다.

귀찮아 하지 말고 자신을 위해 조사해 보라. 그러한 부모의 자세야말로 자녀에게 좋은 본보기가 된다.

일요일에 구들장이나 지고 TV에 열중해 있는 아버지의 모습만 보여 주지 말고, 해야 할 때가 되면 반드시 하는 실행하는 아버지의 모습을 보여 줘라.

154

부모의 푸념이 많으면, 자식도 공부에 대한 의욕을 잃는다

사람은 크게 두 가지 유형이 있다.

예를 들면 어떤 모임에서 누군가에게 총무를 맡겼을 때, "왜 하필 나야? 난 작년에도 연락책을 맡았는데, 어떻게 안 할 방법이 없을까?" 하는 타입이 있고, "바쁘지만 할 수 없지. 언젠가는 한 번 할 텐데. 공부도 될 테니까 해 보지."라고 생각하는 타입이 있다는 것이다.

수험생도 마찬가지로 두 가지 유형이 있다.

"왜 나만 지겨운 공부를 해야 될까?"라고 생각하는 학생이 있는가 하면, "모두가 지겹지만 공부하고 있지 않은가. 그렇다면 나도 열심히 하자."라고 긍정적으로 받아들이는 학생도 있다.

어느 쪽이 바람직한 지는 자명하다.

이런 것을 나는 피해자 의식과 가해자 의식이란 말로 설명하고 있는데, 두 경우 모두 전자가 피해자 의식을 가진 자이고 학생이다.

자신은 아무런 나쁜 짓도 하지 않았다. 그런데 항상 나만 손해를 보고 있다. 좋은 것은 늘 나 이외의 다른 사람 차지이고, 자신은 나쁜 것만 차지하게 된다며 투덜투덜 푸념이나 하고 맡은 일이나 공부에 소극적이 된다. 무엇 때문에 해야 하는 것인지 자기 자신이 납득을 못하는 것이다.

그런 학생일수록 공부의 불안감이나 초조함을 부모나 선생님에게 터뜨리려고 한다. 그래서는 안 된다. 자신도 그 중의 한 사람이고 연관이 있는 가해자(물론 죄를 범한 것은 아니지만)인 것이다.

자기만이 괴로운 입장에 놓여 있는 것이 아니라, 모두가 같은 입장에 있는 것이다. 이러한 생각을 전제로 어떻게 행동해야 할지 자문자답하는 것이 인간의 의무가 아닐까?

우리 학교에 들어오는 학생들 중에도 피해자 의식을 가지고 있는 학생들이 있다.

"사실 이 학교에 오고 싶지 않았다. 부모가 가라고 해서 마지 못해 왔을 뿐이다."

입학을 했어도 학교에 정을 붙이지 못하는 아이, 친구가 되기 어려운 아이, 성적이 오르지 않는 아이는 그런 책임 전가를 하는 경향이 있다.

푸념이 많을수록 진보할 수 없다.

그러한 삐뚤어진 마음을 끈기있게 다스려 나가는 것이 우리 교사들의 역할이겠지만, 학부모에게도 당부하고 싶은 것이 있다. 그것은 아이들 앞에서는 절대로 푸념을 늘어놓지 말라는 부탁이다.

자신에게 놓여진 상황이 괴로우면 괴로울수록 자녀는 피해

자 의식에 빠져 부모의 흉내를 모방해 푸념만 늘어놓게 된
다. 그러면 그럴수록 공부가 점점 괴로워질 뿐이다.

　진보하는 아이와 진보하지 못하는 아이와의 차이는 그런
점에서도 생기는 것이다.

자녀를 냉정한 눈으로 보라

자기 자식이 다른 아이보다 뒤떨어진다는 사실은 어느 부모에게나 반갑지 않은 일이다.

자녀가 밖에 나갔다가 싸우고 울면서 들어온다. 어쩌면 자기 자녀에게 잘못이 있을지도 모른다. 그러나 대부분의 부모는 순간적으로 자기 자녀가 피해자라고 생각한다.

학교 성적이 나쁘면 부모는 자기 자녀의 능력은 인정하지 않고 선생님의 교수법이 나쁘다거나 학교의 지도 방침에 문제가 있다며, 그 원인을 일단 자기 자녀 이외의 것에서 찾으려고 한다.

무엇보다도 부모는 반드시 자기 자녀의 성격은 물론 능력도 알아야 한다.

'이 아이는 운동신경이 둔한 것 같다.'

'꾸준히 노력하는 형은 아니다.'

'경쟁심이 없다.'

'사회생활을 하더라도 조직 속에서는 잘 적응할 수 없는 타입이다.'

그러나 이러한 객관적인 평가를 어머니가 내리기는 매우 어렵다. 또 자녀를 냉정하고 객관적으로 분석하여 '이 방향은 적합하지 않다.'라는 결론을 내린다는 것도 어머니에게는 좀 잔혹한 행위일 것이다.

나는 여성에 대해서는 잘 모른다. 그러나 대부분의 여성은 본능적으로 이성적 판단을 거부한다고 한다. 이성보다는 감정으로 쉽게 판단하기 때문이다. 설사 현명한 여성일지라도 그런 경향이 남성보다는 훨씬 강하다고 한다.

최근에는 여성에게 애교를 부리고 싶은 남성도 많다고 하니까, 이런 생각이 맞지 않을지도 모르겠다.

아무튼 남녀에게 이러한 차이가 있다고 한다면 자녀를 냉정하게 판단하는 것은 역시 아버지의 역할이라는 결론에 이르게 된다.

가정에 있는 어머니보다 밖에서 다양하게 많은 사람들을 만나는 아버지가 훨씬 더 객관적으로 자녀를 평가할 수 있을 것이다.

또 내 자녀가 이러한 사람으로 성장해 주었으면 하는 본보기에 가까운 사람도 있을 것이다.

아버지는 이러한 점을 머릿속에 그리며 자녀를 재점검해 보면 어떨까 한다.

자녀의 능력을 의심해 본다는 것은 아이를 믿지 못하는 것이거나 자녀에 대한 불안감 때문일 것이다. 그러나 그러한 관심은 결국 자녀의 행복을 위한 것이지 인격을 무시하는 것이 아니다.

아이의 뒤떨어진 능력만 들추어 내지 말고 그 아이만이 가
지고 있는 훌륭한 능력을 발휘하게 해야 한다.

"의심하는 자신을 의심하지 말라."
는 어느 작가의 말도 있다.

자녀를 믿으면서 동시에 의심한다. 그것은 자녀를 한 인격
을 가진 인간으로 보고 있다는 말이다.

자녀들에게 옛날 이야기를 자주해 준다

프랑스 작가 생텍쥐페리가 쓴 「어린 왕자」라는 동화 속에는 '어른들은 예전에 자신이 어린이였다는 사실을 잊고 있다.'는 구절이 나온다.

확실히 어른들은 어린 시절을 잊고 있다. 그러나 어른들은 어린 시절을 기억해 낼 수 있다. 어린 시절로 되돌아간 기분도 가질 수 있다. 체험이 있기 때문이다.

그러나 아이들은 어른의 세계를 상상하려고 해도 불가능하다. 인간은 그 사람이 살아온 과거의 체험밖에 상상할 수 없기 때문이다.

'우리 아빠도 우리처럼 정말 어린 시절이 있었을까?'

평소 호통치는 아버지를 보며 이렇게 생각하는 아이들도 많을 것이다. 아이들에게는 아버지는 태어날 때부터 '아버지'일 뿐이다.

부모가 자녀와 마음을 열고 대화하려면 부모도 너희처럼 어린 시절이 있었고, 괴로워했던 시절도 있었다는 사실을 자녀에게 말해 줄 필요가 있다고 생각한다.

아버지는 어떤 소년이었고, 어떻게 인생을 생각했고, 무엇을 꿈꾸었으며, 어떻게 공부하고 놀았는지, 그리고 사회에 진출하여 아버지가 될 때까지의 과정을 기회 있을 때마다 이야기해 주라.

그렇게 하면 자녀들에게 아버지도 한 남자로, 한 인간으로 보일 것이다. 부모라는 사실과 함께 인생의 선배임을 느낄 것이다.

자녀에게 자신의 과거와 속마음을 다 털어놓지 않는 ─부모의 위엄을 지키려고 그러는 지─ 부모도 많다. 이래서는 언제까지나 부모라는 모습밖에 자녀에게 보여 줄 수 없다.

자녀가 정말 괴로워할 때 아버지는 상담자가 되지 않으면 안 된다. 그러나 정녕 자기가 도움을 청하는 것은 부모에게가 아니라 인생의 선배에게 하는 것이다. 부모가 그러한 창구를 하나 만들어줌으로 해서 자녀는 보다 쉽게 부모에게 마음을 열 수 있게 된다.

사랑을 가진 부모라면 자녀에게 자신의 어렸을 때의 이야기를 자주해 주라.

'개구쟁이였던 아버지, 순진한 아버지, 인생을 모색하던 아버지……'

여러 가지 이미지가 자녀의 마음에 그려지게 하라. 그것이 아버지와 자녀 사이의 부모 자식이란 울타리를 없애 주는 것이다. 그럼으로써 인생을 살아가는 선후배 관계도 생겨나고 이어진다.

"아버지는 이러이러해서 인생을 살아왔다. 지금의 나의 모

습도 그 중의 하나이다. 너희에게는 너희들의 길이 따로
있다."

부모로서가 아니라 한 선배로서 조언하라. 이렇게 하면 자
녀는 아버지의 삶에서 힌트를 얻어 자신의 인생을 개척해 나
가려고 할 것이다.

아버지에게 당부하고 싶은 것은 어린 시절의 이야기를 자
주해 주라는 것이다.

질책보다는 칭찬을 해 주어라

아이를 미술학원에 보내는 한 어머니의 이야기를 들은 적이 있다.

자기 아이의 그림이 다른 아이의 그림에 비해 뒤떨어진다고 판단되면 일단은 선생님에게,

"우리 아이 그림이 어째서 이 모양입니까?"

하고 따지는 어머니도 있다는 것이다.

어느 날 '태양과 꽃'이란 주제로 아이들이 일제히 그림을 그렸다.

그런데 한 아이는 태양을 파랑색으로 색칠하고 있었다. 이 것을 본 아이의 어머니는 "어째서 너의 태양은 파랗지?" 하고 물었다.

그 아이는 파란 유리창을 통해 본 태양을 그리려고 한 듯 그러한 사실을 떠듬떠듬 설명을 했다.

그 말을 듣고 있던 어머니는 "어머나, 너는 여러 가지 색 깔의 햇님을 가지고 있구나." 하고 칭찬해 주었다고 한다.

미술학원에서는 사과는 빨강, 바나나는 노랑, 바다는 파 랑……, 하고 마치 수학 공식처럼 틀에 박힌 교육만 시킨다 는 말을 들은 적이 있다.

이러한 교육 풍조 속에서 파란 태양을 그린 자녀를 나무라 지 않고 오히려 칭찬한 어머니의 태도는 우리에게 많은 것을

생각하게 한다.

그림이란 답이 분명치 않은 세계이다. 아이가 어떻게 자신의 감수성을 발휘할 수 있느냐가 평가의 기준이 되어야 한다고 생각한다. 그것이 곧 아이의 마음을 해방시켜 주는 열린 것이 된다.

태양은 빨갛니까 무조건 빨갛게만 그려야 한다고 가르친다면, 그것은 아이의 풍부한 감수성을 막는 결과만 가져올 뿐이다. 즉 마음의 문을 닫아 버리게 하는 것이다.

아이의 '잘못(?)'을 책망하지 않은 어머니의 태도는 대단히 바람직했다. 그와 동시에 적절한 칭찬을 했다는 점도 매우 훌륭했다고 생각한다.

자녀에게 어떤 평가를 해야 할 경우라면 부모는 생각나는 대로 무조건 아무렇게나 이야기해서는 안 된다.

그다지 그림을 잘 그리지 못했어도(어린이 그림에 잘 그렸다 못 그렸다는 평가를 내릴 수 있을지는 의문이지만) 그 사실을 말해서는 안 된다.

먼저 해야 할 일은 칭찬할 것이 없는지 찾아야 한다. 요는 아이에게 자신감만 심어줄 수 있으면 되는 것이다.

아이의 장점을 찾아 줘라, 그러기 위해서는 자녀를 적극적인 자세로 관찰하라.

한 인간을 적극적으로 평가한다는 것은 여러 가지 각도에
서 그 사람을 보고 판단하는 것이다.

질책하기는 쉽다. 아무리 잘 한다 해도 더 나은 사람이 있
기 때문에. 그래서 칭찬보다는 질책이 앞서는 것이다.

그러나 사람은 질책 받기보다는 칭찬 받기를 원한다. 또
칭찬을 받음으로써 의욕도 생기는 것이다. 특히 아이들에게
있어서는 더더욱 그럴 것이다.

설령 아이의 성적이 나쁘더라도 부모는 냉정하고 객관적인
평가를 말로 표현해서는 안 된다.

아이의 마음을 움직이는 것은 질책이 아니라 격려의 말임
을 명심하자.

부모는 항상 마음의 문을 열어놓아라

나는 교장실 문을 항상 열어놓고 있다.

문이 고장 났다거나 해서가 아니다.

일단 교장실이라고 하면 어쩐지 위압감부터 든다. 학생들은 감히 가까이 할 수 없는 분위기 같은 것 말이다.

재학 중에 교장실에 한 번도 들어가 보지 못하고 졸업한 학생도 많을 것이다.

나는 우리 학교 선생님들에게나 학생들에게 '여기는 내 학교다.'라는 생각을 갖게 해주고 싶다. 그러기 위해서는 교장실은 누구나 자유롭게 출입할 수 있는 곳이 되어야 한다고 생각한다. 그래서 나는 학생들이 들어오기 쉽도록 항상 문을 열어놓고 있다.

숙제물을 들고 학생들도 스스럼없이 들어온다. 나 역시 자연스럽게 학생들의 얼굴과 이름을 익힐 수가 있어 좋다.

이런 이야기를 하는 것은 결코 자랑하기 위해서가 아니다. 나는 학교에서 교장실 문을 열어놓고 학생들의 마음의 문을 열게 하고 있지만, 가정에서의 부모도 마음의 문을 열어놓고 자녀를 대했으면 하는 생각이다.

어떤 상황에서 어떤 일을 하더라도 항상 자녀에게 마음의 문을 열어놓는 자세를 갖자는 이야기이다.

특히 초등학생 정도의 자녀를 둔 부모에게 부탁하고 싶다.

세탁, 청소, 취사 등 바쁜 와중에 아이들이 어머니에게 말을 걸어오면 하나하나 친절하게 대답해 줄 수는 없다. 그렇더라도 반드시 듣고 있다는 자세를 보여주길 바란다.

일에 방해가 될 때는 "이따가 밥 먹을 때 말해 줄게."라든가, "저녁에 가르쳐 줄게." 하는 약속이라도 해 줘라.

이러한 태도야말로 부모가 자녀에게 마음의 문을 열어놓고 있다는 것을 보여주는 기회이다. 귀찮아 하지 않고 이야기를 잘 들어주는 방법을 몸에 익혀 두길 바란다. 물론 진정으로 부모의 방문을 열어놓는 습관도 좋다.

아버지의 서재에는 아이들은 얼씬도 못하게 하는 가정도 있다고 한다. 그러나 손님이 방문하고 있거나 중요한 일을 하고 있을 때 이외에는 자녀가 아버지에게 가까이 갈 수 있도록 문을 조금 열어놓는 것이 좋다.

중·고등학생이 되면 자기 방문을 안으로 걸어 잠그는 아이도 있다. 말하자면 가정 내에서 치외법권 지역을 만드는 것이다. 그러나 부모 스스로가 자신들의 방을 개방해 놓으면 아이들도 그러지는 못할 것이다.

문을 열어놓았다는 것은 마음의 문도 열어놓았다는 말이 된다. 그런 작은 배려가 부모와 자식간의 신뢰를 쌓게 하는 계기가 될 것이다.

부모의 인내하는 자세는 자녀에게 무언의 격려가 된다

얼마 전 이웃 나라 일본에서 일어난 비극적인 일이지만, 어느 국립고교 교장 선생님이 계속되는 학내 폭력 문제로 골머리를 앓다가 '나도 이젠 지쳤다.'라는 유서를 남기고 자살한 사건이 있었다.

정말 가슴 아픈 일이 아닐 수 없다. 나라는 다르지만 같은 교장직을 맡고 있는 한 사람으로서 매우 애석한 일이었다.

수십 년을 교단에 서 오면서 나도 이런저런 온갖 사건을 다 겪었다. 그러나 그런 일일수록 자기 혼자의 힘으로 해결하려 해서는 안 된다. 혼자서 필사적으로 해결책을 찾으려고 하면 할수록 자기의 몸만 지칠 뿐이다.

나는 괴로운 일이 있을 때는 '어떻게 되겠지.' 하는 식으로 주로 관망하는 타입이다. 그러다 보면 누군가 도와줄 때도 있고 사태가 호전되는 경우도 있다. 그렇다고 무턱대고 관망만 하라는 얘기는 아니다.

"모든 문제를 자기 혼자서 해결하려는 마음은 매우 위험한 생각이다."

이 말은 자녀를 키우는 부모들도 깊이 새겨 두어야 할 말이다.

공부는 하지 않고 친구와 어울려 놀러나 다니고, 성적은 오르지 않고……, 부모 입장에서 보면 화가 나서 참을 수 없

모든 문제를 자기 혼자서 해결하려는 마음은 매우 위험한 생각이다

는 일일 것이다. 그렇다고 그것을 단번에 해결하려 하면 반드시 무리가 따른다. 즉, 자녀의 반발을 사게 된다.

자녀 앞에서 큰 소리를 치기 전에 한 번만 더 참고 잘 될 것이라는 낙관적인 생각을 하며 인내를 가지고 자녀를 지켜보라.

어느 어머니가 유럽 여행을 떠나 있는 2주 동안 딸에 대한 걱정으로 하여 음식을 제대로 먹지 못했다는 이야기를 들은 적이 있다.

사실은 걱정이 돼서 처음부터 보내고 싶지 않았지만 딸의 간곡한 요청과 산 공부가 된다는 말에 어머니는 여행을 그만두라는 말을 할 수 없었다는 것이다.

그러나 막상 보내고 나니 걱정이 태산 같았다. 여행은 잘하고 있을까? 잠자리는 불편하지 않을까?

음식을 먹지 못한 것도 딸의 안전을 기원하는 마음과 자신의 안절부절 못함을 진정시키려는 두 가지 의미에서였다고 한다.

여행을 마치고 돌아온 딸에게는 물론 아무 말도 하지 않았지만, 나중에 그 사실을 안 딸이 말없이 음식상을 내오더라는 것이다.

아이들 방에서 음악 소리가 들려온다. 혼자서 소리를 지르며 춤을 추고 있다. 도대체 요즘 아이의 태도가 이상하다. 공부를 하지 않는 것 같다. 이 모든 것도 부모이기 때문에 이해할 수 있을 것이다.

이럴 때일수록 부모가 참는 자세를 자녀에게 보여주길 바란다. 그러나 그런 일이 계속되거나 가족들이 참아주고 있다는 것을 모를 때는 따끔하게 꾸짖어라.

자녀가 안절부절 못하거나 불안해 하고 있을 때일수록 부모는 침착한 자세를 보여주길 당부하고 싶다.

자녀의 사춘기는 반항의 시기이다

'사제지간'이란 말은 이미 우리 주변에서 찾아보기 힘든 말이 된 것 같다. 학생들은 교사를 의심하고, 교사는 학생들을 피하려고 한다.

빈번히 학내 폭력 문제가 제기되는 요즘, 사제간의 신뢰란 한날 꿈 속의 꿈인 것일까?

학생들이 얼마만큼이나 교사를 신뢰하고 있는지에 대한 조사 결과가 나왔다. 그 조사에 의하면, '신뢰한다'라고 응답한 학생은 전체 응답자의 30%였다. 그러나 우리 학교의 경우는 그 숫자가 70%에 이르고 있다.

중학교 1학년 때부터 고등학교 3학년 때까지 담임, 교과목 교사가 바뀌지 않는 사립 학교의 장점을 살린 본교의 독특한 제도가 그 이유 중의 하나일 것이다.

오랫동안 맞대면하면서 생활하다 보면 어쩌면 그 학생에 관해서는 부모 이상으로 자세히 안다 해도 이상할 것이 없다. 신뢰 수치가 높은 것 역시 하나도 이상할 것이 없다.

그러나 사춘기는 반항기가 몇 차례 나타나는 시기이기도 하다. 본래 가지고 있는 공격 본능을 혼자서 컨트롤할 수 없을 때에는 어떤 대상을 향해 발산하고 싶어지는 것이다.

그래서 공부에 싫증도 느끼고, 학교의 성가신 간섭에서 벗어나고 싶은 충동도 있다. 또는 부모를 뵐 면목이 없다고 생각할 때도 있다. 감정이 컨트롤 되지 않기 때문에 모든 행동이 곧바로 겉으로 표출되어 나타나는 것이다. 그래서 간혹 아버지나 어머니가 곤혹을 치르기도 한다.

그러나 그런 자녀의 행동의 원인이 학교나 교사에게 있다고 생각하면 곤란하다. 반항기의 에너지를 학교나 교사에게 향하게 해서는 안 된다. 이것은 우리 교사가 책임을 회피하려는 것이 아니다.

학생들이 학교나 교사를 공격하고 싶어졌을 때의 원인을 살펴보면, 대개는 그 자신이 공부가 하기 싫어 생긴 게으름 때문이다. 그러나 그것을 남의 탓으로 돌려 학교나 교사에게 반발심으로 과격한 행동을 하는 것이다. 그러면서 슬며시 공부를 중단해 버린다.

"공부는 어디까지나 자신을 위해서 하는 삶의 과정이다. 부모를 위한 것도 아니고 남을 위해서도 아니다. 학교 명예를 위해서도 아니고 교사의 성적 향상을 위해서 하는 것도 아니다. 공부하기 싫은 것을 남의 탓으로 돌리지 말라."

내가 입이 닳도록 학생들에게 하는 말이다. 그래도 알아듣지 못하는 학생에게는 나도 모르게 손이 올라가기도 한다. 이 나이가 되었어도 일년에 한두 번은 꼭 학생들에게 사소한 폭력을 휘두른다.

　학교나 교사를 믿지 못하는 학생은 자신의 공부를 포기하
는 것으로 저항한다. 스스로 신뢰감을 잃은 학교에서 공부할
수는 없는 것은 당연하다.

폭력을 휘두르는 자녀와는 자주 대화를 하라

서울에서 초등학교를 다니다가 지방 중학교에 입학한 박군이라는 학생이 있었다. 박군이 2학년이던 어느 여름 날, 그 학생의 어머니가 지친 듯한 얼굴로 학교를 찾아왔다.

"선생님, 우리 애는 서울에서는 공부를 잘했습니다. 아빠가 직장을 이 곳 지방으로 전근할 예정이었고, 친정도 이 쪽이어서 생각 끝에 아이를 지방 학교에 입학시키고 이사까지 하였습니다. 그런데 웬일인지 애가 이 곳에 와서는 통 공부를 하지 않아요. 또 외할머니가 응석을 받아 줘서 그러는지 최근에는 집에서 폭력을 휘두르기도 하고, 초등학생인 제 동생도 못 살게 굽니다. 동생은 이제 형 얼굴만 봐도 슬슬 피할 정도예요. 의사와 상담도 해 봤지만 소용이 없어요. 모처럼 아빠가 와도 말도 하려고 하지 않아요. 담임선생님과 상담을 했더니 그냥 일시적인 반항기이기 때문에 조금만 참으면 나아진다고 했지만, 매일 똑같아서 이렇게 생각다 못해 교장 선생님께 상담하러 왔습니다."

그렇게 말하고 있는 어머니의 표정에는 정말로 지친 기색이 역력했다.

"박군이 나에 대해 집에서 무슨 말을 했습니까?"

"아침 조회 때의 교장 선생님 말씀이 재미있다고 했습니다."

내 얘기가 재미있었다고 했다면, 아직 구제할 방법은 있었다. 어머니도 교장인 나의 말을 재미있게 들었다는 말에 마지막 희망을 걸고 찾아온 것이라고 생각했다.

이틀 후, 방과 후에 나는 조용히 박군을 불렀다. 어머니가 상담하러 왔었다는 이야기는 물론 하지 않았다.

"저번에 서울에 갔다가 너의 아빠 친구를 만났다. 네가 우리 학교에 다니고 있다는 것을 알고는 네 소식을 묻더구나. 그래서 '열심히 공부하고 있습니다.'라고 대답은 했지만, 사실 나는 최근에 네가 어떻게 생활하고 있는지 모르잖니, 그래서 오늘 너를 부른 것이다."

학교, 친구, 공부 등 여러 이야기 끝에 드디어는 화제를 어머니에게로 돌렸다.

"어때, 어머니께서는 잔소리를 많이 하시지?"

"예, 얼굴만 마주치면, 공부 공부해서 지겨워 죽겠어요."

"부모님은 다 마찬가지야. 좋아, 이번에 어머니를 만나면 너무 잔소리하지 않도록 말해 주지. '본인의 의욕이 왕성하니 앞으로 너무 잔소리하지 마십시요'하고 말이다. 그 대신 너도 잔소리 듣지 않게 열심히 공부하는 것이다. 알겠지?"

2개월 정도 지난 어느 날, 박군의 어머니로부터 전화가 왔다. 요즈음 다시 예전처럼 성격도 얌전해지고 동생도 괴롭히지 않는다는 것이었다. 1년 후에는 성적도 중간 정도까지 올랐다.

박군과 같은 경우는 우리 주변에 의외로 많을 것이다. 여기서 우리가 간과해서는 안 될 것이 박군의 어머니는 자녀가 난폭해진 데 놀라면서도 자녀가 교장의 이야기를 재미있게 들었다는 아주 사소한 점을 놓치지 않았다는 사실이다.

역경에 처하면 처할수록 점점 힘들어 하는 것이 보통이다. 하지만 박군의 어머니는 해결의 실마리가 있다고 믿고, 그것을 찾았던 것이다. 내가 박군의 어머니에게 감동을 받은 것은 바로 그 점이다. 결코 단념하지 않고 관심을 기울여 그 실마리를 찾아 자녀를 바로 설 수 있도록 하였던 것이다.

무슨 일이든 두려워하며 포기하기 전에 해결책이 있을 것이라고 생각하고 참을성 있게 노력하기 바란다.

사춘기를 '질풍 노도기'라고 한 말이 생각난다. 어떤 아이든 자기의 생각을 잘 나타내려고 하지 않는다. 그리고 자기의 싫은 모습이 보이기 시작하는 때도 이 시기이다.

물론 어른들의 싫은 면도 보이기 시작한다. 그래서 자꾸 감추고 숨기려고만 한다. 이런 행동을 어른들은 흔히 반항한다고 한다.

자녀의 행동이 갑자기 과격해지고 난폭해지면, 부모의 입장에서는 수수방관하는 식으로 그저 바라만 보아서는 안 되지 않겠는가? 그 무마책으로 오토바이를 사 주었다고 안심할 수 있겠는가?

부모 자식간에는 거래가 이루어져서는 안 된다. 부모 자식 사이에 돈이나 물질이 신뢰의 대상이 되어서는 안 된다는 말이다.

박군의 어머니처럼 어딘가 반드시 이해의 실마리가 있다고 믿고, 빈틈 없는 관찰력으로 자식을 살펴본다면, 우리 교사들도 상담하는 보람이 있을 것이다.

‘별난 아이’와 ‘개성이 있다’는 말은 칭찬이 아니다

현대는 개성 시대이다.

젊은이들이 읽고 있는 책이나 입고 있는 옷을 보면, 그것이 잘 나타나 있다. 다만 좀 유별나거나 개성이 있는 것에 최대의 가치관인 양 착각하고 있는 것이 마음 아플 뿐이다.

유별남과 개성만 있으면 인간의 가치가 올라간다고 생각하는 것일까?

부모들도 마찬가지이다.

한 아이가 손님에게 “사람은 왜 나이만큼 키가 크지 않아요?” 하고 묘한 질문을 했을 때, 손님이 “그 놈 참 똑똑하고 유별난데, 뭔가 큰일을 하겠어.” 하고 칭찬하면 곧 그런 기분에 젖고 만다.

곧잘 주위에서 어려운 문제나 다른 아이는 생각지도 못하는 것에 흥미를 보이는 아이를 보면, “그 녀석 똘똘한데! 유별나” 하고 부러움을 나타내곤 한다.

분명히 아이의 개성을 존중하는 것은 중요한 일이다. 그러나 부모나 자녀 모두가 ‘개성’이란 단어를 너무 안이하게 받아들이는 것은 아닐까.

개성이 없는 것보다는 개성이 있는 것이 당연히 좋다. 그렇다고 아이가 흥미 없는 공부는 하지 않아도 좋다는 뜻은 아니다.

오랫동안 교직에 있으면서 느껴온 것이지만, 성적이 나쁜 아이가 열심히 노력하여 향상되는 모습을 지켜보는 것처럼 보람된 일도 없다.

처음부터 머리 좋고, 개성이 뚜렷한 아이가 그 상태로 발전해 간다면 그다지 재미가 없을 것이다. 또 그렇다면 교사들도 필요하지 않을 것이다.

이 말은 농담이지만, 어쨌든 개성을 너무 존중한 나머지 사춘기에 중요한 노력의 자세를 소홀히 하는 잘못을 범하지 말라는 말이다.

자녀의 재능과 능력이 어떤 방면에 있는지를 찾아낸다는 것은 대단히 어려운 일이다. 때문에 개성이 분명한 아이(분명한 것처럼 보이는 아이라고 하는 게 옳다)를 보면, 대체적으로 너무 쉽게 장래를 생각해 버리는 경향이 있다. 그러나 보다 긴 안목으로 지켜봐 주라고 당부하고 싶다.

"장래 희망이 무엇인지 모르겠다."는 말이 자녀의 입에서 나오지 않게 하려면 수시로 자녀와 이야기를 하라.

사춘기의 최대 고민거리는 장래에 무엇이 되어야 할지, 어떻게 살아야 할지 하는 인생의 항로를 결정하는 일이다. 즉, 어떻게 살아야 하느냐 하는 철학과 싸우고 있는 것이 사춘기의 수험생이다.

나는 중학생 때 의사가 되라는 부모의 권유에 많은 고민을 한 적이 있다. 결과는 적성에 맞지 않다고 판단하여 지금 이 길을 택했다. 그러나 그때 의사의 길로 들어섰다면 지금 어떻게 되어 있을까 하고 가끔 생각해 보기도 한다.

자신의 장래를 어떤 시기에 어떻게 결정해야 할지는 아이들에게나 부모에게 있어 매우 어려운 일이다. 그러나 어렵다고 해서 뒤로 미룰 수 없는 인생사이다. 더욱이 고 3이된 학생이 "아직 모르겠다."는 말을 한다면 곤란하지 않겠는가.

자신의 장래에 대한 뚜렷한 목표 의식이 없다면 공부할 필요도 없는 것이다. 문과를 택하느냐 이과를 택하느냐에 따라 공부 방법이나 과목의 선택도 달라진다. 그러므로 방향이 분명치 않다면 공부 효율만 떨어질 뿐이다.

우리 아이가 무엇을 하면 좋겠는가를 우선 생각해야 한다. 그리고는 그것이 과연 우리 아이에게 적절한가, 또 그럴 능력이 있는가를 생각해야 한다.

이것은 부모만 생각할 것이 아니라 자녀 스스로가 고민하며 해답을 찾아내야 하는 것이다. 장래에 어떻게 해야 할지 스스로 답을 찾지 못하는 학생은 분명히 마음이 닫혀 있는 학생이다. 그래서 좋고 나쁨을 분명하게 말할 수도 없고, 자신의 생각이 매사에 자신이 없고, 남이 어떻게 생각할까를 너무 집착한 나머지 마음을 닫아 버리게 된다. 그런 자녀가 되지 않게 하려면 어떻게 해야 좋을까?

나는 독서를 하라고 권하고 싶다. 머리 속에 학교 공부 생각으로만 가득 차 있다면 장래에 대한 낭만과 꿈을 간직할 수 없다.

책은 인생을 알게 하고, 사랑을 알게 하고, 마음을 알게 하고, 부드러움을 알게 한다. 그리고 삶에 대한 감동을 알게 한다. 책 속에는 삶의 길이 들어 있는 것이다. 즉, 감동이 마음을 해방시키는 것이다.

그러나 교과서에는 그러한 삶의 길과 어드바이스가 없다. 수험 공부에도 그런 조언은 나오지 않는다.

그만큼 사춘기가 중요하다.

아무튼 자녀의 입장에서 장래 희망이 무엇인지 모르겠다는 말이 나오지 않게 공부 이외의 것에 관심을 가질 기회를 만들어 주길 바란다.

'수험기'란 점에만 주목하다 보면 중요한 부분을 못 보고 놓치게 된다.

사춘기는 고독하다

요즈음 젊은이들은 너무 쉽게 친구와 사귀고 헤어지는 것 같다.

여학생들도 혼자 외롭게 보내는 사람이 없을 정도로 여럿이 어울려 행동한다. 그러나 이것은 표면상으로 그렇게 보인 것 뿐이지 실제는 그렇지 않다고 한다. 교제의 기술이 좋을 뿐이지 상대의 마음을 이해하고 받아들이는 진정한 우정은 잘 이루어지지 않는다는 것이다.

한마디로 상대에게 상처도 주지 않고 자신도 상처 받지 않는 상냥한 세대라는 것이다.

무슨 할 말이 있다거나 불안감 때문인지는 분명치 않지만, 대낮부터 대학생인 듯한 젊은이들이 카페에 모여 앉아 각자가 좋아하는 만화나 잡지를 읽는다.

"매우 이상한 광경이군요. 왜 책을 읽는데 여려 명이 몰려 있을까요? 할 이야기도 없으면서 왜 집단으로 몰려다니는 걸까요?"

이런 광경을 여러 번 목격한 신문 기자가 내게 어이 없다는 어조로 물어왔다.

자녀에게 친구가 많다고 무조건 안심해서는 안 된다는 말이다.

오늘날에는 진정한 우정을 느끼는 상대를 찾기가 힘이 든

사춘기의 자녀들은 마음 속에 고독과 수험이라는 무거운 짐을 짊어지고 있다는 것을 부모는 알아야 한다

모양이다.

'아무도 나를 이해해 주지 않는다.'

'나를 알아주지 않는다.'

모두들 그렇게 생각하고 있는 것이다.

사춘기가 갖는 공통적인 견해인지도 모르겠다.

그러나 대부분의 부모는 자녀의 마음이 그런 공허감에 빠져 있다는 것조차 모른다. 물론 자녀의 마음 속의 고독까지 덜어줄 수는 없겠지만, 자녀가 그런 느낌을 가지고 있다는 것 정도는 머릿속에 새겨두길 바란다.

사실은 부모도 고독하다. 그래서 그런 일을 알면서도 신경 쓰지 못하는 경우도 있다. 어쩔 수 없다고 생각하는 것이다. 그러나 그것을 느끼는 것만으로도 충분하다고 생각한다.

이 시기의 자녀들 대부분이 마음 속에 고독과 수험이라는 무거운 짐을 짊어지고 있다는 것을 부모는 충분히 알아주길 바란다.

부모도 자녀로부터 독립하라

이유기란 아이가 젖을 떼는 본능적인 삶에서 자신의 힘으로 살아가기 시작하는 인생의 첫 발을 내딛는 시기를 말한다.

지금까지 당연한 듯 여기던 어머니 품에서 떨어지는 것은 불안한 일일 것이다. 언제까지나 포근한 어머니 품안에 머물고 싶을 것이다.

또 사람에게는 누구에게나 이런 그리움에 대한 집착이 마음 한 구석에 자리잡고 있다. 그러나 언젠가는 혼자 살아가지 않으면 안 된다.

새학기가 시작되어 입학하고나면, '부모님의 말씀과는 다르다. 생각만큼 즐겁지가 못하다.'는 사실도 깨닫고, 또 새로운 경쟁 사회로 돌입했음도 알게 된다.

초등학생 시절부터 비교적 성적이 오르지 않아 안달하는 학생도 있다.

머리 회전도 잘 안 되고 공부에 취미도 붙이지 못해 "부모가 가라 해서 왔을 뿐"이라고 딴전을 부리는 학생도 있다.

초등학생, 혹은 중학생이 되기 전까지는 부모가 자녀에게 심어주는 가치관을 자녀들은 무조건적으로 믿는다.

그러나 언제부터인가 부모의 말이 모두 옳은 것은 아닌 것 같다고 느끼기 시작한다. 그때가 바로 자녀가 부모로부터 독립해 가는 시기이다.

우리 학교 학생의 경우를 보면, 그런 깨달음이 빠른 학생일수록 쉽게 공부하는 자세로 전환이 된다. 그러나 깨닫지 못하는 학생은 학업에 뒤처지고 만다.

부모의 경우도 마찬가지이다.

언젠가는 자녀를 독립시켜 줘야 한다.

부모로부터 독립하지 못한 자녀가 미숙하다면, 자녀로부터 독립하지 못하는 부모도 미숙한 부모이다.

그러면 언제 독립하면 좋을까?

다소 개인의 차이는 있겠지만, 자녀가 중학교에 들어가는 시기가 가장 적당할 것이다.

"내가 도와주지 않으면 우리 아이는 아무것도 못해." 하는 생각에 발끝에서부터 머리끝까지 일일이 챙겨 주는 어머니도 있다. 그것은 자녀를 도와주는 것이 아니라 의타심만 키워 주는 일이다.

부모의 그러한 행동은 자신이 혼자 된다는 불안한 감정에서 비롯된 것이다.

나는 부모들에게 자신의 인생을 좀 더 소중히 하라고 호소하고 싶다. 자녀의 성장을 바란다면, 부모도 함께 성장해야 한다.

“엄마도 내 인생이 소중하다. 그래서 공부 좀 해야겠다.
그러니까 앞으로는 네가 할 수 있는 일은 알아서 스스로
해라.”

이런 말을 자녀에게 빠른 시기에 말해 주는 부모는 자녀로
부터 독립도 무난한 부모일 것이다.

자녀의 희생물이 되지 말라

4, 50대의 이혼율이 늘고 있다.

70이 다 된 지금까지 함께 살아온 우리 부부 입장에서 보면, 도저히 이해할 수 없는 일이다.

아마 그런 사람들은 십중팔구 젊었을 때부터 그럴 뜻이 숨어 있었을 것이다. 그러나 자녀의 성장에는 부모가 필요하기 때문에 참았던 것이라고 생각한다.

결국 자녀가 성장하여 부모의 도움이 필요치 않게 되면 자신들을 생각하게 된다. 그래서 성격적으로 맞지 않는다는 결론에 이르게 되어 헤어지는 부부가 많다고 한다.

만일 그게 사실이라면, 정말 이상한 일이다.

부모가 자녀를 위해 어쩔 수 없이 희생하고 참고 산다는 것 말이다. 또 자녀 쪽에서 보면, 자신 때문에 좋아하지도 않는 사람들이 서로 참으면서 함께 살고 있다는 말이 된다.

이런 부모들의 생각을 자녀가 안다면, 자녀로서는 그보다 더 괴로운 일도 없을 것이다.

얼핏보면 자녀를 몹시 아끼고 소중하게 생각하는 것 같지만, 사실은 자녀의 마음에 부담을 주는 것이란 생각이 든다.

어느 탤런트 부부가 오랜 별거 생활을 청산하고 정식으로 이혼했다는 뉴스를 TV에서 본 적이 있다.

왜 좀 더 일찍 이혼하지 않았느냐는 질문에 아이를 유명

사립학교에 입학시키기 위해서였다고 한다. 부모가 모두 있어야 하는 것이 입학 조건이었다 한다. 때문에 입학 수속이 끝날 때까지 호적 정리를 늦추었다는 것이다. 다시 말해서 형식적인 부부였던 것이다.

이것처럼 책임 없는 부모의 행동은 없다. 그런 부모에게는 자녀도 그저 형식적인 존재에 불과한 것이다.

왜 좀 더 일찍 헤어지지 않았는가? 자녀의 성장을 위해서는 더 일찍 헤어짐이 좋지 않았을까?

자녀들이 부모의 도움을 필요로 하지 않은 시기가 오면, 부모들은 독신 때처럼 혹은 신혼 때처럼 자유스런 시간과 젊음을 되찾을 수 있을 것이라고 착각하고 있는 것 같다.

자녀가 성장하는 동안에도 부모들은 나이를 먹고 있다. 육체도 쇠약해진다. 그러나 그런 점을 부모들은 미처 깨닫지 못한다.

인생을 원점에서 다시 시작할 수 있다고 생각하는 것일까?

이런 생각을 하는 부모는 자녀의 성장에 따라 자신들도 늙어간다는 사실을 미처 깨닫지 못하는 부모이다. 말하자면 자녀를 핑계로 하거나 볼모로 하여 자신들의 인생을 소홀히 하는 게으른 사람이다.

또 일단 자녀가 성장하고 나면 허탈감에 삶의 의욕을 잃어

버리는 사람을 간혹 볼 수 있는데, 그러한 사람은 자기 자신에게 전혀 애착이 없었던 사람이다.

해결책은 부부가 또 다른 목표를 세우고 생활을 시작하는 것이다.

자녀를 기르면서도 자기 자신을 위해 시간 투자를 하는 부모도 많다.

부모들도 보다 발전적인 모습을 자녀들에게 보여주어야 한다. 자녀의 희생물이 된다는 생각으로는 자신의 젊음을 찾을 수 없다.

여성의 자립은 밖에서만 얻을 수 있는 것이 아니다

‘여성의 자립’이란 말이 최근에 자주 쓰인다.

학교를 졸업하고 취직을 한다. 그러나 결혼하여 자녀가 생기면 가정에 들어앉아 가사에만 전념한다.

이러한 옛 여성상과는 달리 결혼해서도 직장을 그만두지 않는 워킹 맘이 늘고 있다. 혹은 일이 우선이라는 생각에 결혼은 염두에 두지 않는 여성이 날로 늘고 있다.

능력이 있는 여성이 그것을 발휘할 곳을 갖고 있다는 것은 대단히 좋은 일이라고 생각한다.

주부가 되어서도 아내, 어머니, 그리고 일하는 여성으로서의 세 가지 역할을 훌륭히 수행해 내는 여성을 보면 존경스럽기까지 하다.

그러한 여성이야말로 진짜 ‘자립’을 하고 있는 것이다.

그러나 개중에는 잘못된 자립의 개념을 가지고 있는 주부들도 적잖게 있다.

자녀가 어느 정도 성장하면 부모에게 시간적인 여유가 생긴다. 예전에는 주부들이 가정이나 아이들이 각자의 일터나 학교를 가고 난 후에 대충 집안 일을 마치고 TV 앞에서 점심때까지 멜로 드라마나 보는 것이 보통이었다.

그러나 요즘은 테니스, 에어로빅, 요가 등 각자의 건강과 삶의 풍요를 위해 적극적으로 밖으로 나간다.

"집에 혼자 있는 것보다 밖으로 나가서 무엇인가를 배우고
싶다. 아이가 태어나고서부터 수십 년간 하고 싶은 것을
하나도 하지 못했다. 이대로 인생이 끝나는 것은 싫다. 밖
에서 일하는 여성을 보면 조바심마저 느껴진다."

대부분의 주부들이 하는 말이다. 그러나 밖으로 나가서 뭔
가 하는 일이 자립이고, 그것이 자립된 생활이라는 의견은
좀 잘못된 생각이 아닌가 한다.

단지 시대적 풍조에 따라 테니스 라켓을 들고 다닌다거나
에어로빅을 함으로써 만족을 느낄 수는 없다.

주부는 가급적 집에 있으라고 지금껏 나는 말해 왔다. 집
에서 집안일을 하면서도 훌륭하게 자립하는 어머니를 많이
보아 왔다.

학창 시절에 좋아했던 시집을 부지런히 읽는 주부, TV의
외국어 어학 강좌를 열심히 공부하는 어머니도 있다.

가사나 아이를 돌보면서도 창의성을 발휘할 수 있는 주부
는 훌륭하게 자립하고 있는 사람이다.

"나는 뭔가를 배우고 싶다. 그렇지 않으면 다른 엄마들에
게 뒤떨어지고 만다."

이러한 동기로 뭔가를 해야 한다고 생각하는 것은 커다란
잘못이다. 혼자서 아무것도 할 수 없는 사람은 설령 많은 사

자립이란 자유스런 정신을 갖는 일이다. 가정에서 벗어난다고 해서 자립이 얻어지는 것은 아니다. 그것은 자신의 삶에 자신감을 가질 때 비로소 얻을 수 있는 것이다

람들과 함께 어울린다고 해도 충실하게 시간을 보내지 못할 것이다.

나도 뭔가를 해야겠다고 무작정 시작하는 것이 아니라 자신의 성격, 자신 능력에 맞는 일을 해야 한다는 것이다. 혼자서 할 수 없으면 친구와 함께 해도 좋다.

남들이 한다고 해서 하는 어머니들의 모습은, 공부에 소질이 없으면서도 무리하게 사립학교나 유명 학교를 다니는 아이들의 모습과 너무나 흡사하다.

자립이란 자유스런 정신을 갖는 일이다. 가정에서 벗어난다고 해서 자립이 얻어지는 것은 아니다. 그것은 자신의 삶에 자신감을 가질 때 비로소 얻을 수 있는 것이다.

하루가 짧게 느껴지는 활력 있는 생활을 하라

학부모 회의에 오신 어머니들 앞에서 나는 종종 다음과 같은 말을 한다.

"진정으로 자녀의 행복을 원한다면 우선 부모가 건강해야 하고, 둘째는 하루가 짧다고 느껴지도록 활력 있는 생활을 하는 것입니다. 물론 자녀도 그러기를 바랍니다. 그러기 위해서는 부모가 먼저 실천합시다. 그것이 인간의 진정한 행복으로 가는 지름길이라고 생각합니다."

하루가 짧다고 느끼도록 생기있게 생활하는 방법은 많이 있다.

즉 목표가 있는 생활을 하는 것이다.

육아, 가사, 나들이, 남편과의 대화, 그리고 여가를 내어 자신이 좋아하는 책을 읽는다거나, 운동을 한다거나, 자녀와 대화를 한다거나, 일요일에는 아이들과 함께 정원 손질을 해야겠다…… 등등 끊임없이 머릿속으로 목표를 만들어가는 것이다. 그런 생활은 활력 있는 삶이 된다.

인간에게는 한정된 보석 같은 시간이 주어져 있다. 하루 24시간이 길다고 느끼는 사람이 있는가 하면 짧다고 느끼는 사람도 있다.

하루가 길다고 느끼는 사람 중에도 차분히 사물을 생각할 수 있어서 좋다고 생각하는 사람도 있겠지만, 그와는 반대의 생각을 가지고 있는 사람도 있다. 나도 반대의 생각을 가지고 있는 사람 중의 하나이다.

자유 시간이 많으면 많을수록 아이들은 나태해지고 어른들은 게을러지게 된다.

"학교 교장 같은 바쁜 일은 이제 그만두고 부인과 둘이서 여행이나 하면 어떠냐?"

가끔 친구들이 은근히 회유해 보기도 한다. 하지만 나는 그럴 마음이 추호도 없다. 아내도 빈말인지 몰라도 지금 이대로가 좋다고 한다.

나 자신의 존재가 사회 속에서 필요하다는 사실이 나에게는 행복하다.

얼마 남지 않은 인생이다.

시간을 내어 여가를 즐기는 것도 좋은 일이다. 그러나 이런 이야기를 들을 적이 있다.

돈을 많이 내고 들어간 양로원의 노인들일수록 기운이 없고, 비교적 싼 비용으로 생활하고 있는 양로원의 노인들이 더 원기가 있다는 것이다.

시설이 제대로 갖추어져 있지 않아 모든 일을 자신들이 해결하지 않으면 안 되기 때문에 노인들도 생기가 난다는 것이다. 반대로 모든 일을 돈으로 해결하는 생활은 활력이 없다.

아무것도 하지 않아도 좋다고 하는 것 만큼 인간에게 해로운 것은 없다. 게으름만큼 인간을 불행하게 만드는 것도 없다.

일이 많으면 많을수록 좋다. 인간은 시간이 부족하면 부족할수록 얼마 안 되는 자신만의 시간에 충실하려고 노력하게 된다.

그런 자세는 자녀들의 눈에도 활기있게 보인다.

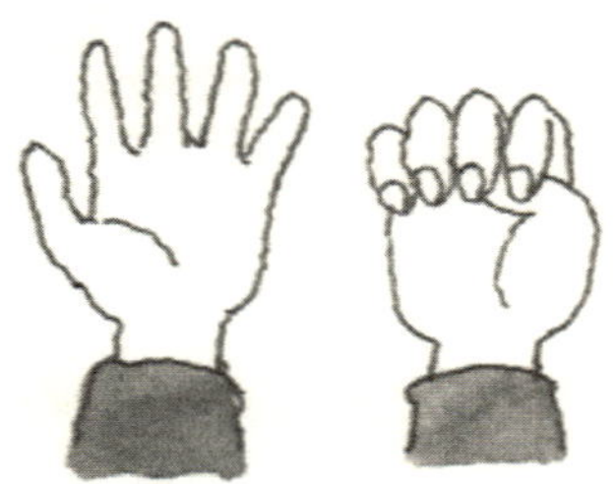

자녀에게는 한 단계 낮은 책을 사 주어라

책이 없는 집은 담장이 없는 집과 같다. 즉 정신적 지주가 없다는 것이다.

책을 읽는 습관이 몸에 배어있지 않은 아이에게 고학년이 되었다고 갑자기 책을 읽게 하면 고통만 줄 뿐이다.

공부는 외면적으로는 (머릿속으로 생각하고 있는 것은 보이지 않으니까) 책을 읽고, 암기를 하고, 필기를 하는 것이다. 이러한 행동을 귀찮아 하지 않게 하려면, 유아기 때부터 책을 가까이 하는 습관을 몸에 익혀 두어야 한다.

공부하기 좋아하는 아이는 없다는 사실을 부모는 항상 머릿속에 새겨 둬라. 그렇지 않으면 아이의 수준보다 높은, 아이가 2, 3년 후에나 이해할 수 있는 책을 사 주게 된다.

공부하기 싫어하는 아이에게는 쉬운 책부터 접하게 하라. 글자와 그림이 크고, 이야기가 짤막한 책이면 적당하다.

초등학교 3학년이라면 2학년 정도의 것을 사 주어라. 이것도 하나의 지혜이다.

아동 도서에는 몇 학년용이라는 표시가 있다. 그러나 반드시 그것에 연연할 필요는 없다. 쉬운 것부터 선택하라. 아이의 호기심을 자극하는 내용이 있고 확실하게 이해할 수 있는 것이면 좋다.

그러나 사다가 "자, 읽어라." 해서는 안 된다. 10분간이라도 좋으니 부모가 옆에 앉아 자녀와 함께 읽는 것이다. 이렇게 하면 자연히 책을 가까이 하는 습관이 들어 커서도 책을 보는 것을 고통스러워하지 않게 된다.

평소에 이런 습관을 길러주지 않다가 고학년이 된 후에 급하게 강요하기 때문에 무리가 생기는 것이다. 책임이 부모에게 있는데 그걸 모르는 것이 더 큰 잘못이다.

언제나 내용이 비슷비슷한 책을 사 온다고 이맛살을 찌푸리는 사람도 있다. 그러나 그래도 상관없다. 책이 있는 집이 책이 없는 집보다 훨씬 나으니까.

자녀나 자신만을 위한 책은 구입하지 말라

친구 아들이 대학 입시에 합격했을 때 고전이나 세계 명작 등을 한데 묶은 「백권의 책」이라는 책을 선물했다.

중학생 대상의 책을 대학에 들어간 청년에게 선물한 것은 정도가 지나쳤다고 생각할지 모르겠지만, 나는 그렇지 않다고 확신한다.

세계 명작이나 고전 등은 누구나 한두 권쯤은 읽었을 것이다. 그러나 책 제목이나 저자는 알고 있지만, 그 내용을 아는 사람은 그리 흔치 않다. 그래서 궁금하면 언제든지 찾아볼 수 있는 책이 있어야 한다. 게다가 이런 책은 평생 집에 두어도 거추장스럽지가 않다. 선물 받은 본인뿐만 아니라 가족 모두가 읽을 수 있다. 이것이 내가 선물을 한 이유다.

직업 탓에 내 방에는 책이 많다. 읽기 쉬운 책도 많다. 그래서 손자도 가끔 들어와 책을 꺼내 읽곤 한다.

자녀에게 어떻게 해서든 책을 읽혀야겠다는 마음으로 책을 사 주는 부모가 있다. 그러나 그러한 부모의 태도는 자녀에게 의무감만 심어주게 된다.

부모 자신도 읽고 싶어서 책을 산다는 생각으로 바꿔 보는 것은 어떨까 한다.

문학서나 취미책 각종 요리책은 가족 공용의 책이 아니다. 그러나 위인 전집이나 고전 문학 등은 가족 공용의 책이 된다. 소설이라 할지라도 아이가 이해할 수 있으면 된다.

책장을 '아버지 전용', '자녀 전용'으로 구분해 놓은 것은 좋지 않다.

자녀가 아버지 서재에 들어와 이름만 알고 있는 작가의 책을 펴서 보다가 페이지 한쪽 구석에 아버지의 메모가 있는 것을 발견하는 것은 자녀에게 있어서는 쾌감일 것이다.

반대로 아버지가 자녀의 책장에서 어린이용 그림도감을 보는 것도 재미있을 것이다. 그리고 자녀가 펼쳐놓은 책을 통해 "응? 이 녀석이 이런 것을 좋아하는구나." 하고 관심을 알 수도 있을 것이다.

책은 혼자만의 사유 재산이어서는 안 된다. 가족 모두의 것이어야 한다. 서점에서 책을 살 때도 자녀를 염두에 두고 책을 고르는 것이 좋다.

물론 가족 모두가 읽을 수 있는 책만을 구매하라는 말은 아니다. 부모와 자식이 함께 볼 수 있는 책이 많으면 많을수록 좋다는 이야기이다.

그러나 그런 점에만 너무 신경 쓴 나머지 자기가 좋아하는 책 읽기를 희생시키는 본말전도(本末顚倒:중요한 것과 중요하지 않은 것이 구별되지 않거나 일의 순서가 잘못 바뀐 상태)가 되는 우는 범하지 말라는 것이다.

TV를 보면서도 공부하라

기차 여행을 하는데 높은 산 때문에 볕이 잘 안 드는 농가의 집들은 다른 곳에 비해 한 계단씩 높게 지어져 있었다. 그리고 반드시 서쪽과 북쪽에는 나무가 심어져 있다는 것을 알았다.

나는 그것이 궁금해 견딜 수가 없었다. 나중에 지리책을 펴 보고서야 홍수와 계절풍에 대비한 지혜라는 것을 알았다. 추운 바람을 막기 위한 선조들의 지혜인 것이다.

어느 날 전철 속에서 신문을 보다가 '알제리'라는 지명을 보았다. 적군파의 하이잭(배나 비행기의 공중 납치사건) 사건이 있었던 곳이다. 그러나 알제리라는 도시가 어디에 있는지는 알 수가 없었다. 집에 돌아오자마자 즉시 지도를 찾아보고서야 알 수 있었다.

일상생활에서 생기는 의문은 가능한 한 즉시, 아니면 집에 돌아오는 곧바로 해결하라. 이러한 습관을 아이들에게도 길러 줘라. 이것 또한 훌륭한 공부이다. 교과서에서 배우는 것보다 더 확실하게 기억되고 잊혀지지 않는다.

TV의 가요 쇼나 코미디 프로 등을 가족 모두가 함께 보는 것도 좋다. 물론 교육 방송을 보는 것은 말할 필요도 없다.

TV를 보면서 "어? 옛날에 저런 일이 있었네!" 하며 자녀와 대화를 하라. 그러면 그다지 흥미 없던 아이도 부모가 관심을 가지면 흥미를 갖게 된다.

다큐멘터리나 뉴스도 많은 도움이 된다. 간접 지식이 되는 것이다. 그것을 잘 컨트롤하는 것이 부모의 역할이다.

그러기 위해서는 자녀와 마찬가지로 일상생활의 여러 분야에 호기심을 가질 필요가 있다.

가족 모두가 TV를 본다. 아버지, 어머니가 이야기를 한다. 자녀에게 전달되는 단순한 행동만으로도 자녀의 눈빛은 달라진다.

부모도 노력하는 자세를 보여야 한다

어느 대학 교수가 이런 말을 했다.

"우리의 젊은이들이 해외로 많이 나가는 것은 좋지만, 그 때문에 한국인들이 오해를 받아서는 안 된다. 옛날 한국인, 즉 어른 세대를 알고 있는 외국인의 눈에는 지금의 한국 젊은이들은 매우 사치한 사람으로 비춰지는 것 같다. 예전의 근면하고 부지런한 한국인의 모습이 사라져간다고 한탄하는 외국인들도 있다."

풍요로운 시대에 자라 경제적 불편을 느껴 보지 못한 젊은 세대는 해외에 나가서도 콤플렉스를 느끼기 보다는 오히려 기계, 기술, 경제력 등이 훨씬 앞섰다는 우월감을 맛보게 될 것이다.

비싼 물건을 사고, 단체로 떠들썩하게 쇼핑하며 몰려 다니는 모습이 현지인들에게 어떻게 보일 것인가 하는 생각도 해 봐야 할 것이다.

내가 이야기하고 싶은 것은 부모의 생활방식에 대해서이다. 자녀를 사치한 어린이로 키우지 않기 위해서는 우선 부모부터 근면한 자세를 잃지 않기를 바란다.

오늘날에는 뭔가 괴로운 일이 있으면 그 잘못을 남의 탓으로 돌린다. 수험 공부도 마찬가지이다. 자기가 원해서 그 자리에 있는 것인데, 괴로움을 남의 탓으로 돌린다. 자신의 일이 힘든 것이 상사의 무능함 때문이라든지, 회사 체제가 잘 못되었기 때문이라고 일방적으로 단정 짓기보다, 나는 어느 정도 노력했는가를 반성해 봐야 할 일이다.

어머니도 자녀 성적이 나쁜 것을 교사나 학교 탓으로만 여겨서는 안 된다. 자신의 무능을 남의 탓으로 돌리는 것처럼 나쁜 행위도 없다. 결코 이러한 자세를 자녀들 앞에서 보여 줘서는 안 된다.

'자녀 앞에서 푸념을 늘어놓지 말라'

'피해자라고 동정을 구하지 말라.'

노력과 근면함을 잃지 않기 위해서는 부모의 이러한 자세가 필요하다.

'정력선용(精力善用)'의 정신

'공부할 때는 공부에 열중하고, 식사할 때는 신문 같은 것 보지 않고 먹는 데만 열중하고, 운동할 때는 모든 것을 잊어버리고 오로지 운동에만 열중해야 한다. 또 잠을 잘 때도 온갖 잡념을 다 잊어버리고 깊은 숙면을 취해야 한다.'

참으로 명쾌한 생활방식이다.

나는 지금도 이 이야기를 학생들에게 들려준다. 그러나 이는 공부할 때만이 아니라 일상생활에도 적용되는 말이다.

그래서 나는 학부모들에게도 이 정신을 권하고자 한다. 학생에게는 공부, 부모에게는 일, 똑같은 것이다. 오히려 자녀들보다 부모들이 더 집중력이 필요하다. 신경을 써서 일에 임해야 한다.

이러한 습관이 몸에 배이면 매일매일의 생활이 긴장되게 된다. 한정된 시간 안에 자신에게 주어진 일을 해내는 것, 이것은 일종의 쾌감이다. 그 순간에 인간은 행복을 느낄 수 있다.

자녀가 성장하여 부모로부터 독립해 나가면, 부모는 고독을 감내해야 한다. 새로운 목표를 스스로 만들어 내지 않으면 안 된다. 이것이 진정한 자립이다.

그러나 자녀가 행복해지기 위해서는 가족 전체가 행복해야 한다. 부모는 불행한데 자녀는 행복하다는 것은 있을 수도 없고 있어서도 안 된다.

맛있는 음식을 먹고, 해외여행을 즐기고, 취미 생활도 하고 싶다. 그러기 위해서는 '정력선용'이 좋다.

누구나 세상에 사명을 가지고 태어난다. 이런 점에 유의하여 살면, 보다 큰 행복감을 얻을 수 있다고 생각한다.

부모와 자식이 서로 격려하며 성장하는 자세가 이상적이다

학문도 지위도 없었지만, 동네에서 작은 가게를 운영하며 열심히 살아가는 사람이 있었다. 아들을 생각하는 마음이 남달랐다.

생활은 매우 궁색했지만, 자식에게 학문의 재능이 있다는 걸 알고는 온갖 정성을 다 기울였다. 이들 부부의 꿈은 오직 아들의 출세뿐이었다.

어떻게 보면 자식 의존형의 부모같이 보이지만, 그렇지는 않다. 그 자신도 자기만의 세계를 가지고 있었다. 동네의 가난한 사람들을 보면 앞장 서서 해결해 주기도 했다. 배움이 없는 자신이 할 수 있는 일은 오직 그 방법밖에 없다고 생각했다. 그래서 창피를 당할 때도 있었다.

그러나 아들은 가난한 사람을 정성껏 도와주는 아버지의 그러한 모습을 좋아하고 존경했다. 아버지도 아들의 마음을 알고 열심히 성실하게 살았다.

이러한 부자상(물론 모자상도 마찬가지이다)이야말로 가장 이상적인 부자 관계가 아닌가 한다.

수험기 아이를 둔 부모들은 자녀들에게 너무 많은 것을 양보한다. 아이들이 힘든 공부를 하니까, 자신들은 희생이 되도 좋다는 생각이다.

아이들은 급속도로 성장한다. 그 속도에는 따라 가지 못하

지만, 부모들도 인생의 한 시절이 지나가는 것이다. 어른이
됐다고 해서 인간의 성장이 멈추는 것은 아니다. 그러므로
남은 인생을 충실히 살려고 노력해야 한다.

자녀가 분발하는 자세를 보이는 것은 부모도 또한 분발하
기를 바라기 때문이다. 청춘은 두 번 다시 오지 않는 것처
럼, 중년기도 두 번 다시 오지 않는다. 그 시기를 단지 자녀
를 핑계로 아무것도 하지 않고 보낸다면, 자신의 게으름을
자녀 탓으로 돌리는 결과가 된다.

자녀가 자라는 만큼 부모 자신도 자라고 있는 것이다. 자
녀들이 열심히 공부할 때 부모 또한 열심히 살아야 한다. 그
러한 부모야말로 자녀로부터 진정한 자립을 하고 있다는 증
거이다.

부모 자식 간에 참견하는 것이 아니라, 서로 격려하고 서
로 존경하며 살아가는 것, 이것이 가장 이상적인 부모 자식
간의 관계가 아닌가 생각한다.

자녀의 수험기는 부모에게도 수험기이다

이제껏 생각하고 있던 것들을 쭉 나열해 보았다.

이 책을 통하여 "일류학교 교장의 말이니까, 자녀의 성적을 향상시키는 요령이 들어있지 않을까" 하고 기대했던 독자도 많을 것이다. 그러한 독자의 기대의 부응하지 못한 점은 정말 송구스럽게 생각한다.

그러나 '학문에는 왕도가 없다.'고 했다.

교육이란 오늘 가르쳤다고 해서 내일 바로 성과가 있는 것이 아니다. 그래서 두렵고, 또한 힘든 것이기도 하다. 특효약이 있는 게 결코 아니다.

이제껏 말한 것은 지극히 당연한 부모자식 간의 바람직한 자세이다. 참신한 아이디어도 혁명적인 발상도 아니다.

'교육에는 지름길이 없다.'

위험한 다리를 건너기보다 돌다리를 두들기는 식으로 조심스럽게 부지런히 걷는 수밖에 없다.

자녀가 훌륭한 사람이 되길 바라는 마음은 어느 부모나 다 마찬가지이다. 그러나 우리의 부모들은 지금까지 그로 인해 자신의 인생을 너무 소홀히 해 왔다.

자녀들은 고통스런 수험공부를 통해 인생의 제 1관문인 입시에 임하고 있는 중이다. 또한 그것을 지켜보는 부모도 같은 수험기를 보내고 있는 것이다.

'교육에는 지름길이 없다'
자녀들은 자기의 성공을 위해 열심히 배우고 부모들도 자신의 인생을 위에서 열심히 살아가야 한다

부모가 자식을 기르는 자세를—자식에게 접근 방법은 좋은가. 부모가 자신을 중요하게 생각하는가—누군가가 등 뒤에서 지켜 보고 있는 듯한 느낌이 든다.

자녀가 부모로부터 떨어졌을 때부터 부모의 시험은 시작되는 것이다. 즉 인생의 새로운 스타트인 것이다. 충실한 수험기를 보내지 못하면, 이 시험을 극복할 수 없다. 자녀를 소중하게 키우고, 자신의 인생을 소중히 한 사람만이 이 관문을 통과할 수 있다.

자녀의 수험 공부를 지켜볼 때, 부모도 인생 공부를 하고 있다고 생각하면 된다.

자녀 키우기란 매우 어렵고 힘든 일이다. 시험 공부도 마찬가지이다. 그러므로 연구하고 노력하여 참고 견디면, 자녀들과 떨어졌어도 충실한 하루 하루를 보낼 수 있는 것이다.

이런 마음으로 자기 자신을 재조명해 보는 게 어떤가.

자녀가 시험에서 영광의 합격을 함으로 해서 부모들의 인생이 끝났다는 느낌이 들어서는 안 된다.

부모나 자녀 모두 이제부터 새로운 출발점에 섰다고 생각하면 된다. 자녀들을 계속 배우고, 부모들도 자신의 인생을 위해서 공부를 계속해야 한다.

공부는 결코 자녀들만의 것이 아니다.

별책부록

작 문

대학 입시 논술

1. 작문의 요령

　전혀 문장을 써 보지 않은 사람이 하루 아침에 내실과 외양을 두루 갖춘 문장을 매끄럽게 뽑아낼 수는 없는 일이다. 많은 시간에 걸쳐 수련을 쌓아야 하고, 그러고 나서도 완벽하게 해 낼 수 없는 것이 바로 '작문'이다.

　평소 생활화되어 있는 독서 습관, 그리고 일기·서간·수필 등을 나름대로 꾸준히 써 온 사람이라면 우선 문장의 기본 요건을 어느 정도 터득하고 있을 것이지만, 그렇지 않은 사람이 단시간에 작문을 마스터하기란 그렇게 쉬운 일이 아니다.

　그러나, 그렇다고 해서 입사시험으로 작문·논문을 작성해야 할 사람이 아무런 대책없이 목빼고 기다리고만 있을 수는 없는 일.

　그러므로 이 단락에서는 우선 문장의 기본요건, 즉 '올바른 문장을 쓰는 법'만이라도 간단히 다루어, 적어도 입사작문에서 실패를 보는 일만은 없도록 배려해 보겠다.

2. 문장의 기본요건

'글이 곧 사람이다'는 말이 있다. 이 말 속에는 너무나 많은 뜻이 내포되어 있어, 이 한 마디만으로도 하나의 문장론을 형성하기에 족할 것이다.

글은 그 내용과 표현에 있어 한 사람의 내용을 그대로 옮겨놓은 것이라 할 수 있다. 우리가 무심코 쓰는 비유, 단어 하나하나에도 글쓴 이의 인생관과 가치관 그리고 성격, 취향까지 스며들어 있는 법이다.

그러므로 글을 쓴다는 것은 한 사람의 내부를 밖으로 숨김없이 드러내는 행위라고 할 수 있다.

따라서 우리가 글을 쓸 때 유의해야 할 점도 자명한 것이다.

1)진실해야 한다

어떻게 보면 '진실할 수 있는 것'도 하나의 능력이다. 늘상 거짓된 마음으로 방법으로 인생을 살아온 사람이 어느 날 아침 갑자기 '오늘부터 진실되게 살자' 마음먹는다고 해서 진실된 인간이 될 수는 없는 노릇이다.

여기서 이런 일반론을 말하는 것은 다름아니라 진실된 구

석이라곤 하나도 없는 사람이 진실된 글을 쓸 수 없다는 말
을 하기 위해서다.

한 줄의 글을 쓰더라도 진지한 자세로 임할 것이며, 최선
의 표현을 찾을 일이다.

'글이 곧 사람'이란 말을 명심하자.

2)생활어를 사용하라

우리가 일상생활을 하면서 사용하는 쉬운 말로 무리없이
글을 써야 한다. 어려운 한자말로 되어 있는 문어체를 쓰는
것으로 유식의 척도로 삼았던 시대는 이미 지났다. 미사여구
를 남발한다든가 주체성 없이 외국어를 남용한 작문은 스스
로 내용이 부실하다는 반증밖엔 안 된다.

'겉이 화려하면 속이 빈약하다'는 금언은 문장의 경우에서
도 진실이다.

참고로 중국의 호적(胡適)이 문장을 쓰는 데 피해야 할 사
항 8가지를 소개한다.

①언어만 있고 사물이 없는 글을 짓지 말 것

②병없이 신음하는 글을 짓지 말 것

③전고(典故)를 일삼지 말 것

④허황된 미사여구를 피할 것

214

⑤댓구(對句)에 얽매이지 말 것

⑥문법에 맞지 않은 글을 짓지 말 것

⑦고인(古人)을 모방하지 말 것

⑧속어·속자(俗字)를 쓰지 말 것

중국의 언문일치 운동에 앞장 섰던 호적의 이 금기사항을 쉽게 풀이해 보면 다음과 같다.

①관념의 유희에 빠진 나머지 속 빈 글을 짓지 말 것

②지나친 과장·엄살을 피할 것(통상 감탄사 남발 같은 것)

③판에 박은 듯한 표현을 피할 것

④겉치장에 집착하지 말 것

⑤병적인 댓구(對句) 집착에서 벗어날 것

⑥정확한 문장을 구사할 것

⑦옛사람의 말·속담 등의 지나친 인용을 피할 것

⑧저속한 말, 노골적인 표현을 삼가할 것

3)단문 위주로 써 나가라

한 센텐스의 길이가 지나치게 길면 김빠진 문장이 되기 십상이다. 요즘 같은 스피드 시대에는 짤막짤막한 문장이 좋다. 밑도 끝도 없이 길어빠진 문장을 써 나가는 것을 문장에

능한 사람이라고 보는 것은 오해다.

오히려 짧은 센텐스로 명료한 문장을 엮어나갈 수 있는 사람이야말로 명문장가라 할 수 있다.

따라서 문장 가운데 '그런데''그래서''하여' 등과 같은 접속사 내지 접속어미는 가급적 피해야 하며, 짧은 문장 구사법을 익혀 둬야 한다.

한 센텐스의 길이가 많아도 40자를 넘어서지 않는 게 좋다. 여기에다 내용을 응축하고 적절한 생략을 할 수 있다면 더 이상 요구할 게 없다.

4)오자(誤字)는 금물

한글 맞춤법은 까다롭기로 정평이 나 있다. 누구나 '한글을 정확히 쓸 수 있는가?'라는 질문을 받으면 불쾌해 하게 마련이겠지만, 정작 정확한 맞춤법을 익히고 있는 사람은 극히 드물다.

통상 맞춤법하면 띄어쓰기까지 포함한다. 그런데 띄어쓰기는 나무랄 데 없는 문법지식을 가진 사람으로서도 많은 수련을 쌓아야만 정확히 해낼 수 있는 일이다. 그러므로 입사작문에서 기본적인 띄어쓰기 외에 철저히 따진다는 것은 무리한 일이다.

다만 한글에서 오자를 내는 것만은 무슨 일이 있더라도 피
해야 한다. 그러므로 평소 한글 맞춤법에 관심을 가져야 함
은 물론, 조금이라도 의심나는 것은 항상 사전을 찾아 확인
하는 습관을 들이도록 하자.(아직까지 국내 일반 출판물에는
많은 오자가 발견되고 있을 뿐만 아니라, 까다로운 띄어쓰기
는 아예 무시되고 있는 실정이다. 따라서 가장 정확한 맞춤
법 책이라 할 수 있는 것은 국정 국어 교과서이다)

5)겹말·외래어는 되도록 피하라

겹말이라 함은 의미상 중복되는 말을 일컫는다. 예컨대
'역전 앞'이라든가 '속내의''대비책을 준비하다'는 말들이다.
외래어도 가급적 피해야 한다. 남발하면 문장의 격을 떨어뜨
리는 데 기여할 뿐이다.

순수 우리말의 풍부한 어휘로 문장을 엮어나가는 것이 가
장 이상적이다.

3. 좋은 문장을 쓰는 법

일반적으로 좋은 문장을 쓰는 법이라고 하면 누구나 3다주
의(三多主義)를 내세운다.

말하자면 많이 읽고(多讀), 많이 생각하고(多想), 많이 써라(多作)는 말이다.

그러는 가운데 차츰 개성적인 문장을 익히고 구사하게 되는 것이다. 그러면 '3다'를 하나하나씩 따져보기로 한다.

1)많이 읽어라

풍부한 독서량은 인생을 살아가는 데 재산이 된다. 또한 좋은 문장을 많이 읽다가 보면 자신도 모르는 사이에 그와 같은 문장을 터득, 스스로 동화되는 법이다. 고전보다는 현대소설 쪽이 이 경우 도움이 될 것이다.

시와 가까워지도록 노력하는 것도 좋은 일이다. 산문과는 달리 그다지 시간 소모도 없을 뿐더러 언어의 감각을 깨치는 데 더없이 좋다.

평소 관심을 갖고 눈에 띄는 대로 읽고 음미하라. 그만큼 사고의 폭도 넓어진다.

한 편의 시를 나름대로 감상하고 그 시에 관한 월평 등을 읽어보는 것도 시 감상력을 기르는데 큰 도움이 된다.

2)많이 생각하라

이것은 개성적인 글을 쓸 수 있는 관건이 된다. 개성이 없는 글은 생명력 없는 복제품에 불과하다. 많은 글을 읽으면 자연 생각도 많이 하게 되고, 그에 따라 독자적인 가치관이 형성되는 것이며, 그것이 바로 그 사람의 내용이 된다.

얼마만큼 원숙한 사고를 할 수 있는가? 사고의 폭이 얼마만큼이나 되는가? 모든 게 여기에 달려 있다고 하겠다.

개성미가 전혀 없는 사람-그만큼 사색이 결여되었고, 자기 나름의 정신 영역이 좁은 사람이랄 수밖에 없다.

3) 많이 써라

많은 독서량을 갖고 있는 사람이라면 자연 쓸 거리가 생기게 마련이다. 쓸 만한 주제, 또는 소재가 떠오르는 대로 주저없이 펜을 드는 용기가 필요하다. 일기든 수필이든 꽁트든 닥치는 대로 써보라. 습작이 많을수록 문장의 틀이 잡혀가는 법이다.

작가들이 처녀작을 발표하기 전 몇 트렁크분의 원고를 습작으로 소비했다는 말은 흔히 듣는 얘기다. 자기 내부로부터 많은 문장을 쏟아낸 다음에야 치기와 과시, 껄끄러움과 어색함 등이 가셔지고 비로소 매끈한 문장이 나오는 법이다.

모름지기 좋은 문장 쓰는 것을 몸에 배게 하자.

참고로 좋은 문장을 쓰기 위해 유의할 점을 세세히 살펴보도록 한다.

①주부와 서술부의 관계가 맞아떨어지는가?

②능동과 피동의 관계가 바른가?

③문장 길이가 적당한가?

④주어가 중복되었거나, 있어야 할 주어가 빠지지나 않았
는가?

⑤구둣점 등 부호는 바로 쓰였는가?

⑥형용사의 중복으로 문장의 호흡이 끊겨지지 않았는가?

⑦주어와 서술어의 거리가 너무 멀리 떨어져 있지는 않은
가?

⑧원고지 쓰는 법은 맞게 되었는가?

⑨평이한 문장으로 씌여졌는가?

⑩글의 내용(주제)이 날카롭게 부각되었는가?

이 밖에도 적절한 어휘 선택을 따져보아야 하는 등 주의할
점은 많다.

그러나 이러한 것들이 결코 이론만으로 되어지는 것이 아
님은 이론만으로 수영의 능력이 보장되지 않는다는 원리와
같다. 많은 작문을 연습함으로써 무의식적으로 터득해야 가
능한 것이다.

4. 대학 입시 논술과 취업작문 쓰는 법

취업시험을 치르는 데 있어 작문의 중요성이 날로 더해가고 있다. 근래에는 학과·실기시험은 안 치르더라도 작문시험만은 치르는 업체가 늘어가고 있는 실정이다.

어떠한 기능이나 학과 성적은 그 사람의 지식 수준을 말해주는 것일 뿐, 인격이나 소양·사고력을 밝혀주는 것은 아니기 때문이다.

또한 머리가 우수하다는 것이 곧 업무수행 능력, 직장 생활의 충실을 보장하는 것도 아니라는 말이다.

작문이 그 중요성을 더해가는 이유는 따져보면 실상 그것이 모든 업무를 해 나가는 데 있어 가장 근본적인 기초가 되기 때문이다. 그리고 그 장점(곧 국어 실력)은 사람의 갖가지 능력 중에서 가장 잘 드러나는 것이기도 하다.

예컨대 보고서나 취직서 한 장 작성하는 데 진땀을 흘리는 사람이 드물지 않다. 그런 사람이 작성해 놓은 글이 변변할 리가 없는 것이다.

작문으로 저울질되는 국어 실력은 다목적 기능을 말한다. 주산 실력은 셈하는 데밖엔 쓰이지 않는다. 그러나 국어 실력의 뛰어남은 모든 경우에서 유용하며 기선을 잡을 수 있는 장기가 아닐 수 없다.

그러면 취업작문을 작성하는 요령부터 살펴보기로 하자.

1)문제를 숙고하라

작문시험에는 으레 제목이 주어진다. 예컨대 '직장생활의 자세'라는 제목이 주어진다면 펜을 들기 전에 이 문제를 나름대로 깊이 생각해 보아야 한다.

이럴 때는 한 각도에서 주제에 접근하는 것보다 다각도로 검토, 전개해 보는 것이 좋다. 말하자면 고지식적이고 어깨가 굳은 자세가 아닌, 보다 융통성있게 문제를 생각해야 한다는 뜻이다.

2)골격을 세워라

여기서는 대체로 서론→본론→결론의 단계를 밟는 것이 기본이다. 물론 본론의 뒤에 기(起)·승(承)·전(轉)·결(結)의 [전]에 해당하는 부분을 삽입하는 것은 응시자의 자유이다.

이렇게 해서 대체적인 골격을 세워놓은 다음 서론 전개를 위한 도입부에 들어간다. 도입부를 멋지게 장식한다면 그 글은 반 이상 성공한 거나 다름없다.

그러나 유명인의 글을 무리하게 인용한다든가 하는 것은

고루하고 개성 없는 글이라는 인상을 주기 쉬우므로 피하는
것이 좋다.

3)주제의 범위를 정하라

입사작문의 경우 시간이 50~60분 정도가 보통이다.

200자 원고지 4~5매를 쓸 수 있는 시간이다. 따라서 주제
의 범위를 머릿속으로 정해놓고 압축된 문장으로 써 나가야
하는 것이 필수이다. 아무리 명문이라도 틀이 잡혀 있지 않
는 작문 답안이라면 일단 한 점 깎이고 들어가게 마련이다.
매수에 신경을 써서 작성해야 한다.

4)소신대로 써라

회사측에나 채점자에게 영합하려는 기미가 있어서는 안 된
다. 소신대로 내용을 전개해 나가는 진실성이 필요하다. 자
기가 생각하는 바 대로 써 나가지 못한다면, 그래서 의미 없
는 소리의 나열로 이어진다면 그 작문에는 생명력이 없다고
할 수밖에 없다. 자기의 진실된 목소리가 그대로 행간에 울
리도록 써야 한다.

5)요점을 명료하게 드러내라

　문제의 요점을 정확히 파악한 다음 그것을 단순 명쾌한 문장으로 부각시켜야 한다.

　이도저도 아닌 식으로 문제를 다루어서는 작문의 의의가 없어진다. 복잡한 것은 단순화시키며, 그러는 중에 골자를 명료히 드러내어 나름대로의 소견을 가해야 한다. 자신의 주장을 내세울 자리에서 애매한 태도를 보이는 것은 금물이다.

6)자신의 주장을 뒷받침하라

　그러기 위해서는 예증·근거 같은 것을 내세워야 한다. 자신의 주장에만 목청을 높인다면 편견에 치우친 인상을 주기 쉽다. 논리적인 사고력을 필요로 하는 것이 바로 이때이다.

　구체적인 증거를 제시하되, 설득력 있게 하라.

7)성실하게 써라

　성실성이 결여된 글은 읽는 이로 하여금 불쾌감을 갖게 한다. 여기서 '성실하게 써라'는 주문은 상당히 많은 것을 요구한다. 능글거리는 투로 역설적인 문장을 쓴다든가 지나치게 유머러스하게 쓰려고 해서는 안 된다.

　또 평론문의 경우 통상 고자세로 문제를 논하기 쉬운데, 겸손은 작문에 있어서도 유용한 덕목임을 알아야 한다. 그렇

다고 이것이냐 저것이냐를 명확하게 논하지 말라는 주문은
아니다.

논설문에서 이러한 찬반·가부의 뚜렷한 자세가 없다면 그
글은 아무 소용도 없는 것이다.

8)논문의 성격을 파악하라

여러 분야의 논문이 있겠지만 고졸사원의 입사논문의 분야
로는 대개 문화·시사·사회 분야에 한한다. 따라서 분야에
따른 논문의 성격을 파악하고 논리를 전개해 나가야 한다.

사회 논문에서는 비평 논조가 날카로와야 하며, 원인 분석
과 그 개선 방안을 명확히 제시한다면 더욱 빛나는 논문이
될 것이다.

문화 논문은 보통 인생·철학·종교·자연·예술 등을 다
루는데, 표현의 청신함과 사색적인 내용을 특히 필요로 한
다.

즉, 고상한 분위기와 품격을 지녀야 한다는 말인데, 간결
한 문장과 쉬운 용어를 구사, 소박함을 잃지 않도록 한다.

다음에는 논설 작문을 함에 있어 바람직한 자세를 제시해
본다.

①과격한 의견·주장은 어긋나기 쉽다.

②겸손하되 비굴하지 말 것

③순진하되 바보는 안될 것

④자존심을 갖되 교만하지 말 것

⑤똑똑하되 까불지 말 것

⑥칭찬하되 아첨하지 말 것

⑦경우는 따져도 덕은 잃지 말 것

⑧깐죽거리는 것은 충고가 아니다

⑨빈정대는 것은 상대를 무시하는 것이다

⑩흥분하거나 사납게 논하지 말 것

⑪논쟁의 목적은 승리가 아니라 개혁임을 명심할 것

⑫설득력 없는 토론은 무용지물이다

⑬논리의 전개는 신중히 하며, 비판에서는 공정할 것

장점을 찾아 특별한 아이로 키우는
맞춤 가정교육

2012년 4월 15일 초판인쇄
2012년 4월 25일 초판발행

엮은이 ┃ 정 기 동
펴낸이 ┃ 홍 철 부
펴낸곳 ┃ **문 지 사**

등록일 ┃ 1978. 8. 11(제 3-50호)
서울특별시 은평구 갈현1동 423-16
영업팀 ┃ 02) 386-8451
편집팀 ┃ 02) 386-8452
팩 스 ┃ 02) 386-8453

값 12,000원

※ 잘못된 책은 구입하신 서점에서 바꾸어 드립니다. ※